D1922962

STADTGESCHICHTE IM STADTMUSEUM

Herausgeber:

Elisabeth Dühr,
Frank G. Hirschmann,
Christl Lehnert-Leven

STADTGESCHICHTE IM STADTMUSEUM

Begleitband zur neuen stadtgeschichtlichen Ausstellung im
Stadtmuseum Simeonstift Trier

Grußwort des Oberbürgermeisters der Stadt Trier

Das Museum ist tot, es lebe das Museum! In den über 100 Jahren seines Bestehens hat sich das Stadtmuseum Simeonstift Trier von einer Bildungsanstalt der reinen Wissensvermittlung zu einem Ort des Erlebens und des Gedankenaustausches gewandelt, einem Ort, an dem man sich unterhalten lässt und über den man sich unterhalten kann.

Zum Sprung in dieses zeitgemäße Museumsverständnis hat die Wahl Luxemburgs und der Großregion zur Kulturhauptstadt 2007 wesentlich beigetragen. Dank der finanziellen und organisatorischen Unterstützung durch das Land Rheinland-Pfalz und der Zusammenarbeit von Stadt, Land und Bistum wird die zweite große Landesausstellung »Konstantin der Große« an drei Standorten in Trier realisiert. Für die Stadt und ihre Bürgerinnen und Bürger ergab sich daraus die Chance, das Stadtmuseum Simeonstift komplett zu sanieren und mit einem großzügigen Neubau zu erweitern.

Gerade in einem Gemeinwesen, für das Kultur und Tourismus einen erheblichen, auch wirtschaftlichen Faktor darstellen, bedeutet es einen großen Gewinn, wenn sich seine Museumsangebote jetzt als exzellent aufgestellt präsentieren. Nicht nur das Stadtmuseum Simeonstift, auch das Bischöfliche Dom- und Diözesanmuseum und das Rheinische Landesmuseum Trier wurden im Hinblick auf die Konstantin-Ausstellung umgestaltet; das Karl-Marx-Haus und das Spielzeugmuseum zeigen sich ebenfalls in neuem Rahmen und neuen Räumen. Nimmt man noch die international renommierte Europäische Kunstakademie hinzu – ganz zu schweigen von der Vielfalt der historischen Baudenkmäler und der Bedeutung Triers als Bildungs- und Wissenschaftszentrum –, so ergibt sich das Bild eines ungemein attraktiven Kulturstandortes.

Mit der Ausstrahlung dieser Institutionen weitet sich der Blick auf die kulturellen Angebote der Großregion. Eingebettet in die grenzüberschreitende Vernetzung der Städte Trier, Metz, Luxemburg und Saarbrücken im Rahmen der QuattroPole summieren sich die Kultureinrichtungen aller Beteiligten zu einer großartigen Museumslandschaft.

So wünsche ich dem Stadtmuseum Simeonstift eine Zukunft als Impulsgeber und Publikumsmagnet und den hoffentlich zahlreichen Besucherinnen und Besuchern interessante Eindrücke.

Klaus Jensen

Grußwort des Dezernenten für Schulen und Kultur der Stadt Trier

Es herrscht Aufbruchstimmung in der Museumslandschaft Triers!

Das Land Rheinland-Pfalz, das Bistum Trier und die Stadt Trier haben mit erheblichen finanziellen Mitteln den Ausbau der »Museumsstadt« Trier vorangetrieben. Die Einladung zur Beteiligung am Kulturhauptstadtjahr 2007 und die damit verbundene gemeinschaftliche Ausrichtung der Ausstellung »Konstantin der Große« ist für unsere Stadt ein Geschenk, das neben vielen weiteren positiven Ergebnissen eine nachhaltige Erneuerung der musealen Infrastruktur mit sich gebracht hat.

In ganz besonderer Weise kommt diese Entwicklung unserem Stadtmuseum Simeonstift zugute. In der rund einhundertjährigen Geschichte dieses Museums finden die wertvollen Sammlungen erstmals eine adäquate räumliche Entsprechung. Die Sanierung und Erweiterung des historischen Stiftberings, die Neueinrichtung einer stadtgeschichtlichen Ausstellung, die Bereitstellung großzügig bemessener Wechselausstellungsflächen und die Versorgung mit einer zeitgemäßen musealen Infrastruktur sind das Ergebnis einer gemeinsamen finanziellen Anstrengung der Stadt Trier und des Landes Rheinland-Pfalz. Sichtbarer Ausdruck dieser engen Zusammenarbeit ist die gemeinsame Eingangssituation von Porta-Nigra, Stadtmuseum und Touristinformation.

Die umfänglichen Baumaßnahmen dienen nicht zuletzt auch der Stärkung der touristischen Attraktivität und damit der Wirtschaftskraft der Region. Nachhaltige Investitionen in die kulturelle Infrastruktur und deren Ausbau als Motor der Stadtentwicklung, auch sie gehören zur positiven Bilanz unserer gemeinsamen Bemühungen.

Mein Dank geht an alle Beteiligten, die sich mit großem Engagement der Realisierung dieses Vorhabens gewidmet haben.

Ulrich Holkenbrink

Stadtgeschichte im Stadtmuseum

Im Mai 2007 präsentiert sich das Stadtmuseum Simeonstift Trier in neuen Räumen und mit einer gänzlich überarbeiteten Konzeption der Ausstellung zur Stadtgeschichte.

Der sanierte Stiftsbering und der Erweiterungsbau bieten erstmals die Möglichkeit, neben der Ausrichtung von Wechselausstellungen die Stadtgeschichte als völlig selbständigen Ausstellungsschwerpunkt aufzunehmen.

Wichtige Anliegen dieser Präsentation sind die lebendige Darstellung der Kraftfelder, aus denen sich die Identität der Stadt herauskristallisiert hat, jenseits wissenschaftlicher Akribie von Fakten und Zahlen. Neben dem Blick aufs Gestern stehen der Blick auf die Gegenwart und die inhaltliche Verknüpfung unterschiedlicher Themenbereiche. Eine eigens erarbeitete Ausstellungsarchitektur vermittelt zwischen dem gebotenen Respekt vor den historischen Räumen und zeitgenössischer Ausdrucksform.

Weithin bekannte Exponate aus den städtischen Sammlungen haben einen neuen Standort gefunden. Der Trebetasaal im Erdgeschoss bietet mit seinen Exponaten dem Besucher eine konzentrierte Übersicht der städtischen Entwicklung und stellt die Verbindung zu den einzelnen Ausstellungseinheiten im ersten Obergeschoss her: Mit dem Marktkreuz, den Steipenfiguren, den Marktbrunnenfiguren, dem Porträt des letzten Kurfürsten und einer großen Fotoarbeit von Rut Blees Luxemburg sind wesentliche Eckpunkte der Stadtgeschichte markiert. Die exquisiten Einzelstücke in der Vitrine repräsentieren wichtige Sammlungsbereiche und lassen deren Kostbarkeit erahnen.

Im Nordflügel des ersten Obergeschosses erlebt der Besucher einen chronologisch aufgebauten Rundgang durch die Stadtgeschichte, während sich im Westflügel neben klassischen Themen wie Wirtschaftsgeschichte auch aktuell diskutierte wie Migration, Sport und Religionsgemeinschaften finden. Das breite Spektrum der Ausstellungsstücke reicht dabei vom gotischen Salzmaß bis zur Fliegerbombe aus dem Zweiten Weltkrieg, vom Ehrenweinbecher der Stadt Trier bis zum Porträt einer Handballerin der MIC.

Zahlreiche Exponate stellen sich erstmals einem breiten Publikum vor. Die Sammlung historischer Textilien, wertvollste Kleinmöbel des 17. bis 19. Jahrhunderts, Gemälde, die ein jahrzehntelanges Schattendasein in den Magazinen fristeten. Dank der zur Verfügung gestellten großzügigen Restaurierungsmittel konnten diese Schätze gehoben werden. Wiederentdeckungen wie die großformatigen Allegorien von Louis Counet zum Thema des gerechten Stadtregiments gehören zu den Höhepunkten unserer stadtgeschichtlichen Ausstellung. Als Auftragsarbeiten des Rates erzählen sie Geschichten zum politischen Selbstverständnis städtischer Führungseliten des 17. Jahrhunderts.

Das neu eingerichtete Trier-Kino mit rund 60 Filmbeiträgen zur Stadtgeschichte spannt den Bogen vom Beginn des 20. Jahrhunderts bis in unsere Tage; ein Filmarchiv der besonderen Art. Eine im Film festgehaltene Autofahrt durch die Porta Nigra von 1902, der Einmarsch der Amerikaner nach dem Ersten Weltkrieg, Interviews mit Holocaust-Überlebenden, aktuelle Interviews mit Bürgern der Stadt und zahlreiche Beiträge zu Tagesthemen der letzten Jahrzehnte warten hier auf den interessierten Besucher. Auch an dieser Stelle ist uns die Verzahnung zur Ausstellung ein wichtiges Anliegen. Die 22 thematischen Medienstationen der Ausstellung können hier noch einmal abgerufen werden. Mit einer virtuellen Porträtgalerie im Treppenhaus und einer Medienstation für Kinder ist hoffentlich für alle Besucher etwas Ansprechendes im Medienangebot des Museums.

Die »Zwischenrufe« des Berliner Künstlers Jörg Oetken ergänzen die Darstellung um ganz persönliche Kommentare. »Motten und Klamotten«, »Religion, das Opium des Volkes« oder Warnhinweise auf Zigarettenpackungen fordern den Besucher zur Auseinandersetzung mit den gezeigten Objekten auf.

Auch die ungezählten, nicht immer todernst gemeinten Fragen zur Stadtgeschichte, von denen wir 60 auf die Sitzkissen unserer Hocker gedruckt haben, sollen dazu anregen, die Ausstellung nicht als abgeschlossen, nicht als erschöpfende Darstellung zu betrachten, sondern immer wieder neu zu hinterfragen.

Ich danke allen, die an der neuen Ausstellung mitgearbeitet haben. Ich danke für ihre Bereitschaft, Ideen zu entwickeln, tragfähige Konzepte zu erarbeiten, Kompromisse zu finden, Kooperationen auszubauen und uns mit Leihgaben zu unterstützen.

Dr. Elisabeth Dühr
Direktorin Stadtmuseum Simeonstift Trier

2000 JAHRE STADTENTWICKLUNG

Die Anfänge Triers liegen in den Jahren um 18/17 v. Chr. Schon im 1. Jahrhundert n. Chr. verfügte die Stadt über eine beträchtliche Infrastruktur, im 2. Jahrhundert erhielt sie einen riesigen Mauerring, im ausgehenden 3. und frühen 4. Jahrhundert war sie als Kaiserresidenz eines der bedeutendsten Herrschaftszentren der Welt. Die Reihe der Trierer Bischöfe setzt im 3. Jahrhundert ein und überstand alle Umbrüche, Krisen und Zeiten des Niedergangs in ununterbrochener Folge bis heute.

Für die Stadt freilich brachte die Völkerwanderung im 5. Jahrhundert Zerstörungen und Verfall. Ab 485 stand Trier unter fränkischer Herrschaft, die Bischöfe und ihr Umfeld bewahrten die antike Kultur und den christlichen Glauben. Auf den römischen Gräberfeldern vor der Stadt entstanden bedeutende Klöster und Stifte. Viele Römerbauten wurden zum Teil als Steinbruch oder Befestigung genutzt. Durch den Verfall der Mauern wurde Trier zur »offenen Stadt«.

Ansicht der Stadt Trier, Niederländischer Maler, Ölgemälde, um 1600, Inv. Nr. III.216

958 wurde das Marktkreuz errichtet, um 1000 der Dombering ummauert. Domimmunität und Hauptmarkt bildeten fortan den Kern der mittelalterlichen Stadt. Neben den Erzbischof als Stadtherrn trat seit dem frühen 12. Jahrhundert die Stadtgemeinde, die seit spätestens 1148 über ein Siegel verfügte und teils mit den Erzbischöfen zusammenwirkte, teils in Gegnerschaft zu ihnen stand. Der jahrhundertelange Kampf der Stadt, die Herrschaft des Erzbischofs abzuschütteln und Freie Reichsstadt zu werden, scheiterte 1580 endgültig. Im selben Jahr verlieh Erzbischof Jakob III. von Eltz eine Verfassung (»Eltziana«), welche bis zum Ende des Alten Reiches Bestand haben sollte.

Dauerhaft wurde die Stadt zudem von der im 12. Jahrhundert errichteten Stadtmauer geprägt, die erst in der zweiten Hälfte des 19. Jahrhunderts durch den Alleenring ersetzt wurde.

War Trier noch im hohen Mittelalter ein vor allem auf kulturellem Gebiet weithin ausstrahlendes Zentrum, so setzte Mitte des 14. Jahrhunderts der Niedergang ein. Die Juden, deren ursprüngliches Viertel nahe beim Hauptmarkt und beim Dom lag, wurden ermordet; die Erzbi-

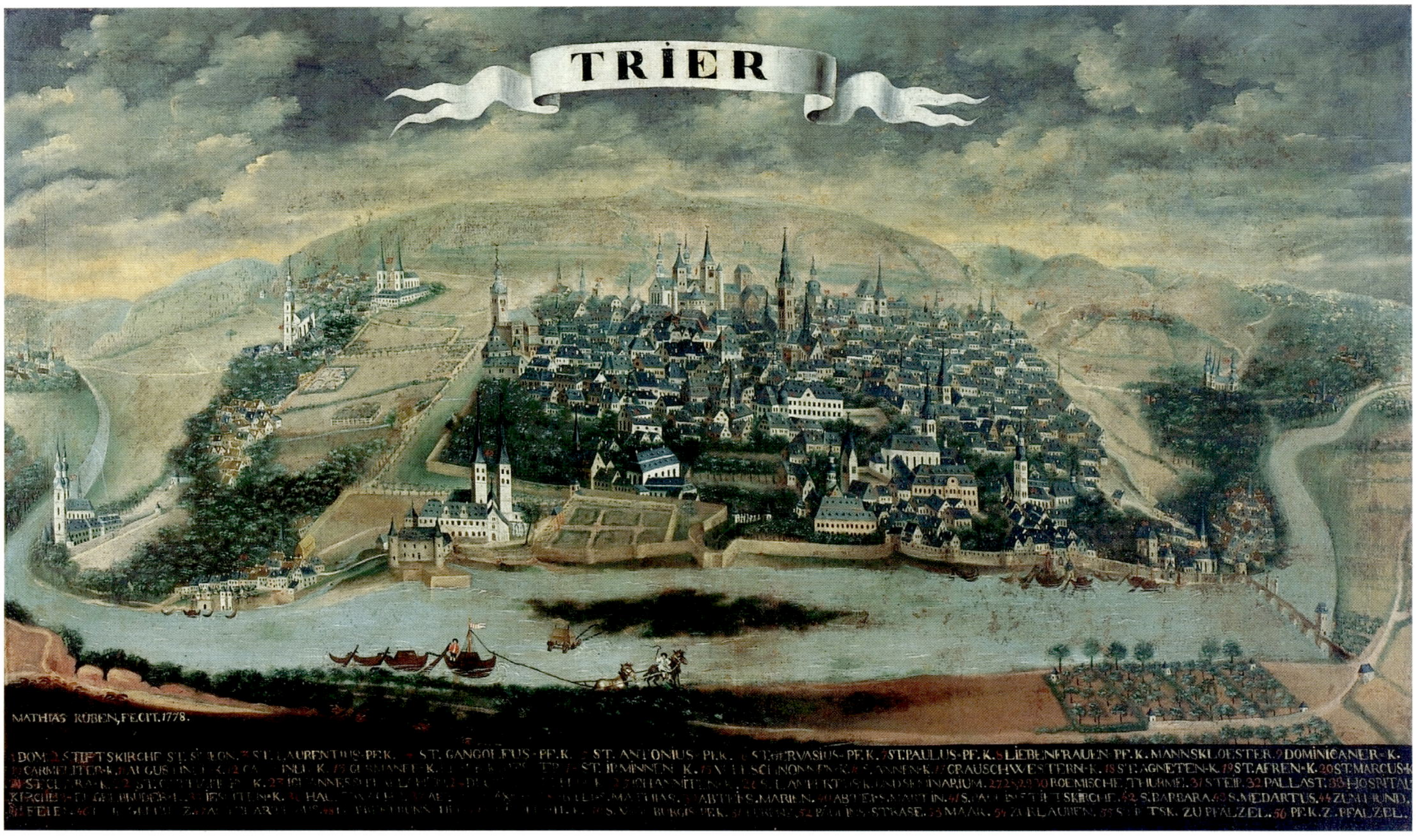

Ansicht der Stadt Trier,
Matthias Ruben, Ölgemälde, 1778, Inv. Nr. III.214

schöfe residierten überwiegend in Koblenz; der Weinbau geriet in eine Krise. Der Tiefpunkt war Ende des 17. Jahrhunderts mit nicht einmal 3.000 Einwohnern erreicht. Kurfürsten des Barock sowie ihr Umfeld verhalfen der Stadt zu dem einen oder anderen Glanzlicht, die Masse der Bevölkerung jedoch lebte weiterhin in großer Armut.

Nach dem Ende der napoleonischen Herrschaft, die erhebliche Entwicklungsimpulse gesetzt hatte, kam Trier 1814 zu Preußen und 1871 ans Deutsche Reich. Zu einem großen Problem für die Stadt wurden ihre Randlage und die mangelnde Verkehrsanbindung. Durch Eingemeindungen und eine seit den 1890er Jahren einsetzende gewisse Dynamik zählte Trier am Vorabend des Ersten Weltkrieges gut 50.000 Einwohner.

Im Ersten, vor allem aber im Zweiten Weltkrieg wurde die Stadt schwer getroffen, große Teile der Innenstadt wurden 1944 zerstört. Im Rahmen von Wiederaufbau und Stadtentwicklung gab es viele umstrittene Projekte und nur wenige architektonische Highlights. Prägend für die letzten Jahrzehnte waren das Ausgreifen des Stadtgebietes ins Umland durch Eingemeindungen, die Anlage neuer Stadtteile vor allem auf den Höhen, der sukzessive Ausbau der Fußgängerzone seit 1971, die Gründung der Universität 1970 und die Konversion zahlreicher früherer Militäranlagen zu Einrichtungen der Wirtschaft, Wissenschaft und Kultur.

Blick auf Trier,
Piet Caspar Christ,
Ölgemälde, 1858,
Inv. Nr. III.1355

Martinsmühle,
Clarkson Stanfield,
Ölgemälde, 1840,
Inv. Nr. III.1380

DER TREBETASAAL

»Kreuz«
(Blick auf Trier bei Nacht),
Rut Blees Luxemburg,
Fotografie, 1999, Inv. Nr.
XIV.45

Der Saal ist benannt nach dem sagenhaften Gründer der Stadt, dem assyrischen Königssohn Trebeta. Ein großformatiges Ölgemälde macht diese Gründungslegende anschaulich.

Der Raum beherbergt mit dem Marktkreuz des 10. Jahrhunderts das älteste stadtgeschichtliche Objekt des Museums sowie weitere Steinarbeiten, die am Hauptmarkt durch Kopien ersetzt wurden: die Steipenfiguren des 15. und die Brunnenfiguren des 16. Jahrhunderts.

Die Vitrine zeigt Glanzstücke der verschiedenen – auf bürgerliche Stiftungen zurückgehende – Sammlungen.

Aus der Geschichte der Stadt berichten auch die im öffentlichen Auftrag entstandenen Kunstwerke wie die beiden allegorischen Friedensbilder aus dem alten Trierer Rathaus, eine der Rokokofiguren aus dem Palastgarten, das Porträt des letzten Trierer Kurfürsten und eine zeitgenössische Fotoarbeit.

Das Marktkreuz

Der Trierer Erzbischof Heinrich, ein entfernter Verwandter Kaiser Ottos des Großen, richtete im Jahre 958 n. Chr. vor dem Dombereich einen Markt ein. Noch heute besteht er als Hauptmarkt im Zentrum der Altstadt. Mitten auf dem Platz ließ er ein Säulenkreuz aufführen, um die Stadt unter den besonderen Schutz des Erlösers zu stellen. Zugleich diente das Kreuz als Mal seiner erzbischöflichen Hoheit und Marktherrschaft, die mit der lateinischen Inschrift auf der Deckplatte des Kapitells: »Heinrich, Erzbischof von Trier, hat mich errichtet« unterstrichen wird. Der Sandsteinsockel und die als Spolie zweitverwendete römische Granitsäule befinden sich noch heute am alten Ort. Das Kapitell und das darauf ruhende Kreuz aber wurden in die Obhut des Museums übernommen, um weitere Verwitterungsschäden zu vermeiden. Sie sind auf dem Hauptmarkt durch farbig gefasste Kopien ersetzt.

Die ungewöhnliche Tatzenform des Kreuzes geht auf irisch-angelsächsische Einflüsse zurück, die wohl über Missionare des nahen Klosters Echternach vermittelt wurden. Das noch aus der Entstehungszeit stammende Relief auf der Schauseite des Kreuzes zeigt ein Lamm Gottes mit Kreuzstab und Kreuzbanner. Das Lamm spielt eine zentrale Rolle in der Gottesstadt der Offenbarung des Hl. Johannes. Kreuz und Lamm deuten symbolisch die Himmelsstadt Jerusalem als Leitbild für die in der irdischen Stadt Trier lebenden Menschen an. Die Rückseite und die Stirnseiten der Kreuzarme tragen Inschriften und Reliefs, unter anderem das Stadtwappen mit dem Hl. Petrus als Stadtpatron und eine Sonnenuhr, die erst rund 500 Jahre später angebracht wurden.

Marktkreuz, Muschelkalk, im Jahr 958 von Erzbischof Heinrich auf dem Trierer Hauptmarkt errichtet, Inv. Nr. I.14

Das Trebeta-Gemälde

Mittelalterlicher Vorstellung entsprechend verbanden auch die Trierer die Gründung ihrer Stadt mit einer hochgestellten Persönlichkeit und einem datierbaren Ereignis: 1300 Jahre vor der Gründung Roms sollte der assyrische Königssohn Trebeta auf der Flucht vor Nachstellungen seiner Stiefmutter Semiramis nach langer Irrfahrt an die Mosel gelangt sein. Von der Schönheit der Landschaft angetan, habe er dort eine Stadt gegründet und ihr seinen Namen »Treberis« = Trier gegeben. Dieser um 1100 in der Abtei St. Eucharius erfundene Gründungsmythos wurde in zahlreichen Chroniken niedergeschrieben und bis in die Neuzeit hinein für geschichtlich wahr gehalten. Auf den Vorrang ihres hohen Alters und der vornehmen Abkunft stützte die Stadt ihre Selbsteinschätzung als »Roma secunda«, ihren Vorrang vor den Rivalinnen Reims, Köln und Mainz und ihr Aufbegehren gegen die Hoheitsrechte des Erzbischofs wie auch weitere Ansprüche auf politische Sonderrechte, beispielsweise die ihr angeblich gebührenden Tributzahlungen jüngerer Städte.

Das Trebeta-Gemälde, geschaffen von Claudius Markar und datiert 1684, hatte bereits eine ältere Darstellung der Gründungslegende zur Vorlage. Dieses Original war im Jahre 1559 vom Trierer Krämeramt, einer Vereinigung von Kaufleuten und kleineren Zünften, bei einem unbekannten Künstler bestellt worden. Es sollte damals dazu beitragen, den von der Stadt im Prozesswege gegen den Erzbischof erhobenen Anspruch auf Reichsunmittelbarkeit zu untermauern. Das Bild hing über Jahrhunderte im Krämeramtshaus bis es schließlich in Privatbesitz gelangte und im Zweiten Weltkrieg zerstört wurde.

Trebeta – Der sagenhafte Gründer der Stadt Trier,
Claudius Markar, Ölgemälde, 1684, Inv. III.641

So ist heute nur die freie Kopie des Claudius Markar erhalten. Über das Wirken dieses Malers ist lediglich bekannt, dass er spätestens seit 1681 in Trier ansässig war und im Jahre 1724 hier verstarb. Der Auftrag für eine Kopie des Gemäldes zur Gründungssage kam nun, im Jahre 1684, vom Stadtrat selbst und zeigte ungebeugtes Beharren auf alten Vorrechten trotz Niederlage und Notzeiten. Denn Trier hatte schon im Jahre 1580 den Prozess um die Reichsfreiheit verloren. Zudem war die bereits von den französischen Eroberungskriegen geschädigte Stadt im Jahr 1684 gerade wieder von französischen Truppen besetzt und ihrer Festungswerke beraubt worden.

Die Bildfläche des Ölgemäldes ist wie ein Dreiflügelaltar aufgeteilt. Auf dem Mittelteil thront der legendäre Stadtgründer Trebeta in orientalischer Tracht über dem bärtigen Haupt seines Vaters Ninus und hält auf seinen Händen und Knien die symbolischen Modelle der Trier angeblich tributpflichtigen Städte Köln, Mainz und Worms. Oberhalb seines mit Turban und Krone geschmückten Hauptes befindet sich eine Ansicht der ummauerten Stadt Trier mit einem charakteristischen Wohnturm und zahlreichen Kirchtürmen, überwölbt von einem Spruchband mit den Wappen des Kurfürsten Johann Hugo von Orsbeck, seines Statthalters Johann Philipp Freiherr von Walderdorff und der Stadt Trier.

Die »Seitenflügel« des Ölgemäldes berichten auf Spruchtafeln die Gründungslegende. Dazwischen links oben die Darstellung einer eisernen Skulptur des römischen Gottes Merkur, der in einem Trierer Tempel von zwei Magneten in der Schwebe gehalten wird. Rechts auf gleicher Höhe die Marmorstatue des Gottes Jupiter mit goldener Weihrauchschale, hergestellt aus den mit Blitz und Donner abgezwungenen Zahlungen angeblich tributpflichtiger Städte. Zu diesen gehörten nach Trierer Interpretation auch Basel und Straßburg, die jeweils zuunterst mit Landschaftsausblicken dargestellt sind. Die senkrechten Randflächen des Bildes zeigen in einer Art Rahmen die Wappen der zur Entstehungszeit 1684 amtierenden Ratsmitglieder sowie dasjenige des Stadtschreibers, die sich damit als Auftraggeber in das Gemälde einbrachten.

Hans Ruprecht Hoffmann (um 1543–1616)

Der Steinmetz Hans Ruprecht Hoffmann wurde um 1543 in Worms geboren. In Mainz lernte er den niederländischen Manierismus kennen, eine Ausbildung in den Niederlanden selbst scheint er jedoch nicht genossen zu haben.

Seit 1569 in Trier wirkend, wurde er 1581 zum Meister des Steinmetzamtes gewählt. Zuvor hatte man dies mehrfach abgelehnt wegen der unehelichen Geburt seiner zwischenzeitlich verstorbenen Frau, und auch jetzt intervenierte der Rat der Stadt gegen die Wahl. Die Steinmetze fanden jedoch Rückhalt bei Kurfürst Johann von Schönenberg, der Streit zog sich bis 1583 hin, wobei der Rat betonte, dass man – den damals etwa 40 Jahre alten – Hoffmann als Künstler durchaus schätze. Schließlich akzeptierte er ihn dann doch als neuen Steinmetzamtsmeister.

Diesem verdankt die Stadt ihre schönsten Renaissance-Kunstwerke. Bereits 1570/72 hatte er – nach Vorlagen des holländischen Humanisten, Schriftstellers und Kupferstechers Dirck Volkertz Coornhert – die Domkanzel geschaffen, von der die Jesuiten im Geiste der Gegenreformation predigten und dabei die Verantwortlichkeit menschlichen Handels betonten. In dieses Programm fügt sich auch die Darstellung der Sieben Werke der Barmherzigkeit. Ferner zeigt die Kanzel – eine Arbeit allerhöchster künstlerischer Qualität – die Wappen des Domkapitels. Sieben große Altäre und Grabmäler im Dom und in der benachbarten Liebfrauenkirche stammen ebenfalls aus Hoffmanns Werkstatt.

Auch der Rat der Stadt Trier zählte schließlich zu seinen Auftraggebern. 1595 ließ er den 1498 von Adelheid von Besselich, der großen Trierer Stifterin des ausgehenden Mittelalters, errichteten spätgotischen Marktbrunnen durch den Petrusbrunnen ersetzen. Wie ein glänzender Zierrat in der Finsternis muss er den Trierern erschienen sein in einer Zeit, die nach der Vertreibung der Protestanten und der endgültigen Niederlage im Prozess um die Reichsunmittelbarkeit von Klimaverschlechterung, Hexenprozessen, demographischem und wirtschaftlichem Niedergang geprägt war.

Sein Schöpfer starb 1616 im Alter von über 70 Jahren, von denen er die weitaus meisten in Trier gelebt hatte.

Selbstporträt Hans Ruprecht Hoffmanns an der Trierer Domkanzel

Der Petrusbrunnen auf dem Hauptmarkt, Hans Ruprecht Hoffmann, Sandstein, 1595

Die Skulpturen des Hauptmarktbrunnens

Große und stetig laufende Brunnen waren für jede Stadt nicht nur eine begehrte Zierde sondern auch eine dringende Notwendigkeit zur Versorgung der Einwohner, solange die Häuser noch nicht an ein zentrales Druckwasserleitungsnetz angeschlossen waren – eine Errungenschaft, die sich Trier erst um 1900 zulegte.

Ende des 15. Jahrhunderts hatte die Trierer Wohltäterin Adelheid von Besselich für das Zentrum der Stadt einen Marktbrunnen gestiftet, gespeist aus der römischen Quellfassung des Herrenbrünnchens am Heiligkreuzer Berg im Südosten der Stadt und dem davon abgeleiteten Weber- und Stadtbach. Dieser schon mit einer Petrusstatue gekrönte Hauptmarkt- oder Petrusbrunnen war rund 100 Jahre später baufällig geworden und musste durch eine neue Anlage ersetzt werden. Den Auftrag erhielt der Bildhauer Hans Ruprecht Hoffmann (um 1543–1616), der das ausladende und reich verzierte Bauwerk aus hellem Sandstein im Jahre 1595 vollendete.

Hans Ruprecht Hoffmann betrieb in Trier eine überaus produktive Bildhauerwerkstatt mit zahlreichen Mitarbeitern. Er war Hoflieferant der Trierer Erzbischöfe, für die er bereits seine berühmte Domkanzel, mehrere Domaltäre und Grablegen gestaltet hatte. Mit großer Wahrscheinlichkeit war Erzbischof Johann von Schönenberg auch für den Neubaubeschluss des Brunnens und dessen Bildprogramm mitverantwortlich. Die Kosten wurden allerdings von der Stadt getragen, weshalb der Brunnen neben dem Namen des Bildhauers Hoffmann auch denjenigen des damaligen Bürgermeisters Cornelius Schott ausweist.

Noch heute befindet sich der Brunnen von 1595 auf seinem angestammten Platz auf dem Hauptmarkt und beeindruckt mit seinem großen, sechseckigen Trog (Durchmesser ca. 5,40 m) und einer hohen Mittelsäule (mit Petrusfigur ca. 7,90 m). Lediglich die originalen Großskulpturen des Hl. Petrus und der vier Kardinaltugenden wurden in Museumsobhut genommen und am Hauptmarkt durch Kopien ersetzt. Diese sind im Gegensatz zu den heute steinsichtigen Originalen wie zur Erbauungszeit des Brunnens farbig gefasst.

Mit seinem Bildprogramm fügte sich der Trierer Brunnen in eine Reihe von Renaissancebrunnen ein, von denen der nur wenige Jahre ältere Tugendbrunnen in Nürnberg als der bekannteste gelten kann. Hier wie dort wurden abstrakte Tugendbegriffe wie Gerechtigkeit oder Mut durch Verkörperungen in menschlicher Gestalt mit charakteristischen Beigaben bildhaft umgesetzt. Solche seit dem 15./16. Jahrhundert beliebten Allegorien standen in einer festen Darstellungstradition, die sie allgemein verständlich machte. Denn die Künstler folgten in den Grundstrukturen ihrer Bilderfindungen den Vorgaben, wie sie in Vorlagenbüchern beschrieben waren und von einer Generation an die nächste weitergegeben wurden.

Auch die vier allegorischen Frauengestalten, ursprünglich um die zentrale Brunnensäule des Hauptmarktbrunnens angeordnet und als

Idealvorstellung der Haupt- oder Kardinaltugenden alle gleichermaßen stattlich und antikisierend gewandet, sind an ihren üblichen Attributen zu erkennen:

- Die Klugheit an Schlange und Spiegel,
- die Gerechtigkeit an Waage und Schwert,
- der Starkmut an Löwenkopf und zerbrochener Säule,
- die Mäßigung an ihrem Wasserkrug, mit dem sie den Wein in der Schale verdünnt.

»Wie das Wasser aus dem Brunnen, so möge aus den Tugenden fortwährend Heil für das Volk und Gutes für das Gemeinwesen entspringen« heißt es dazu in einer beigegebenen Inschrift des Brunnens. Tugendhaft sollte die Regierung sein, die unter den Augen des Hl. Petrus ausgeübt wurde, hier dargestellt durch die den Brunnen bekrönende Statue mit aufgeschlagenem Buch und zwei Schlüsseln. Diese Forderung ging nicht nur an das Stadtregiment, sondern auch an den Erzbischof als Landesherrn, wie die auf dem Brunnen unterhalb der Petrusskulptur angebrachten Wappen der Stadt, des Kurfürstentums und des Erzbischofs Johann von Schönenberg erweisen.

Die Rathaus-Allegorien

Die beiden großformatigen Rundbilder stammen aus dem Sitzungssaal des ehemaligen Rathauses der Stadt Trier am Kornmarkt. Sie wurden vom Rat der Stadt in Auftrag gegeben, als es im Jahre 1697 im Pfälzischen Erbfolgekrieg zum Frieden von Rijswijk gekommen war. Am Ende dieses vom Dreißigjährigen Krieg und von den Eroberungskriegen Ludwig XIV. durchzogenen 17. Jahrhunderts, als die Stadt Trier nach Seuchen, Ausplünderungen und Zerstörungen nur noch rund 2.800 Einwohner hatte, schien endlich eine Friedenszeit heraufzuziehen. So bestellten die Ratsherren die beiden Wunsch- und Beschwörungsbilder, auf denen diese Friedenszeit und zugleich auch die hohen Ziele städtischer Selbstverwaltung allgemein verständlich dargestellt sein sollten. Dies geschah wiederum auf dem Wege der Allegorie, der Darstellung abstrakter Begriffe und Idealvorstellungen durch reale Dinge, meist in menschlicher Gestalt mit Beigaben, die sie kenntlich machten.

Insgesamt vier solcher Personifikationen zeigen die beiden Rundbilder, die als zusammengehörig interpretiert werden müssen. Es sind allesamt Frauengestalten, drei junge und eine alte, da die zugrundeliegenden abstrakten Begriffe im Lateinischen weiblichen Geschlechtes sind. Von links nach rechts gelesen bedeuten sie:

- Gerechtigkeit in dunkelrotem Überwurf mit Schwert und Waage,
- Friede in blauem Gewand mit Ölzweig und Füllhorn; hier ist die originale, wohl wesentlich üppigere Fassung durch einen alten Brandschaden verloren,
- Kunst und Wissenschaft in grünem Kleid mit einem aufgeschlagenen Buch auf den Knien und Architekten- bzw. Künstlerutensilien neben sich,
- Zwietracht als alte Vettel mit züngelnden Schlangen auf dem kahlen Kopf und hängenden Brüsten.

Friede und Gerechtigkeit umfangen sich zärtlich, es kündigt sich hier der traditionelle Friedenskuss an, den schon Psalm 85, Vers 11 erfleht. Auch die besonders ausladend gestaltete Allegorie der Kunst und Wissenschaft ist dem zentralen Frieden zugewandt, während die hässliche Zwietracht mit ihrer Drohgebärde in den Hintergrund abgedrängt wird. Deutlich zeugen die Bilder von der Sehnsucht nach einer Friedenszeit, frei von Zwietracht und Hass, in der Gerechtigkeit herrscht und Kunst und Wissenschaft sich frei entfalten können.

Auf einem der beiden Gemälderahmen ließen die Ratsherren selbstbewusst ihre eigenen 29 Wappen anbringen, zusammen mit der Jahreszahl 1699 als Datum der Fertigstellung. Mit

Allegorie der Gerechtigkeit und des Friedens, (brandgeschädigt), Rundbild mit Wappenrahmung im Auftrag des Rates der Stadt Trier, Louis Counet, Ölgemälde, 1697, Inv. Nr. III.256

der weiteren Aufnahme des Stadtwappens und der Wappen des Kurfürsten Johann Hugo von Orsbeck wie auch seines Statthalters Karl Kaspar von Kesselstatt im oberen Bereich des Rahmens genügten sie den politischen Erfordernissen.

Die Allegorien wurden bisher dem Maler Claudius Markar, der das Trebeta-Gemälde hier in diesem Saal geschaffen hat, zugeschrieben. Erst eine kürzlich durchgeführte Restaurierung deckte die Signatur des Malers Louis Counet und die Datierung 1697 auf. Louis Counet war

Allegorie der Wissenschaft und Künste sowie der Zwietracht, Rundbild, ehemals mit Wappenrahmung, im Auftrag des Rates der Stadt Trier, Louis Counet, Ölgemälde, 1697, Inv. Nr. III.257

ein aus Lüttich zugewanderter, sehr erfolgreicher Künstler, der in Trier mit seiner Werkstatt zahlreiche Großaufträge für geistliche und weltliche Institutionen ausführte und parallel dazu auch noch in Lüttich tätig war, beispielsweise bei der Ausmalung des Rathauses.

Als Fußnote sei noch angemerkt, dass die Friedenshoffnung der Stadträte nicht in Erfüllung ging. Schon im Jahre 1701 löste Ludwig XIV. den Spanischen Erbfolgekrieg aus, in dessen Verlauf die Stadt Trier wiederum von 1702 bis 1714 unter wechselnden Besatzungen zu leiden hatte.

Die Minerva-Statue von Ferdinand Tietz aus dem Figuren-Zyklus für das Kurfürstliche Palais in Trier

Minerva-Statue aus dem Skulpturen-Zyklus für das Kurfürstliche Palais Trier, Ferdinand Tietz, Sandstein, um 1758/60, Inv. Nr. I.4

Die griechisch-römische Göttin Minerva oder Pallas Athene, die nach dem Mythos gewappnet dem Haupt ihres Vaters Jupiter entsprungen war, galt seit der Antike als Schutzherrin der Wissenschaften und Künste, auch derjenigen der Kriegsführung. Sie war gleichsam die göttliche Überhöhung der Allegorien gleichen Themas, wie sie sich in ganzen Heerscharen durch die Kunst zogen und auch mit einem Beispiel auf den Rathaus-Rundbildern in diesem Trebeta-Saal anzutreffen sind.

Zu dieser Patronin der Künste fühlte sich Ferdinand Tietz (um 1707–1777), der einfallsreichste Bildhauer des fränkischen Rokoko, in besonderem Maße hingezogen. Auf der Höhe seiner Schaffenskraft, um 1758/60, gestaltete er in Trier diese mehr als lebensgroße Sandsteinfigur der Minerva. Dabei verlieh er seiner Göttin außergewöhnliche Schönheit und Anmut bei zugleich hoheitlicher Distanz: Er legte ihr die Rüstung eines römischen Feldherrn an, elegant ins Weibliche abgewandelt. Ein mädchenhaft rundes Antlitz schaut unter den wehenden Federbüschen des Helmes hervor, das schuppenbesetzte Panzer-Mieder endet unter den Brüsten, und eine Tunica aus hauchdünnem Gewebe umfängt die stattliche Gestalt. Ihre Siegeskraft unterstreicht der Schild mit dem schlangenumzüngelten Gorgonenhaupt, auf den sie sich mit der linken Hand stützt.

Besondere Aufmerksamkeit aber verdient das Medaillon, das Minerva dem Betrachter mit einer graziösen Geste entgegenhält. Es zeigt nach gängiger Interpretation das Profilbild des Bildhauers Tietz und unterstreicht damit nochmals seine enge Beziehung gerade zu dieser Beschützerin der Künste, der er im Laufe seines Lebens vier eigenständige Gestaltungen widmete.

Selbstbildnis Ferdinand Tietz' an der Minerva-Statue (Kopie) im Palastgarten

Der aus Böhmen stammende Bildhauer Ferdinand Tietz wurde im Jahre 1754 vom Trierer Kurfürsten Franz Georg von Schönborn zum Hofbildhauer berufen. Zuvor hatte er schon für dessen Bruder, den Fürstbischof von Bamberg und Würzburg, gearbeitet und mit seiner Werkstatt vor allem die rund 400 Skulpturen für das Lustschloss Seehof der Bamberger Bischöfe geschaffen. Solche umfangreichen Figurenzyklen zur Ausstattung von Schlossgärten wurden von da an zum eigentlichen Arbeitsgebiet, zum Markenzeichen des Ferdinand Tietz. Zeitlebens galt sein besonderes Interesse den Themen der klassisch-antiken Mythologie, nach denen er profane Skulpturen schuf.

Die Aufgaben, mit denen zunächst der Trierer Kurfürst Franz Georg von Schönborn und dann sein Nachfolger Johann Philipp von Walderdorff den Bildhauer betrauten, fügten sich hier nahtlos an. Mit seiner Werkstatt führte Tietz die reichhaltige figürliche Ausschmückung des Rokokoflügels des Kurfürstlichen Palais in Trier aus und gestaltete – neben bedeutenden sakralen Aufträgen – mehrere Figurenzyklen für die Schlösser Schönbornslust, Wittlich und Engers.

Schon im Jahre 1760 beendete jedoch Tietz seine Tätigkeit für Kurtrier. Seine fähigen und teils namentlich bekannten Werkstattgehilfen vollendeten seine Entwürfe, er selbst arbeitete fortan wieder in Bamberg und Würzburg. Sein berühmtestes Werk dieser Jahre wurde der Veitshöchheimer Rokokogarten.

Die genaue Anzahl der Skulpturen, die Tietz während seines nur sechsjährigen kurtrierischen Dienstes geschaffen hat, ist nicht bekannt. Nach zahlreichen Orts- und Eigentümerwechseln befinden sich heute insgesamt 12 Skulpturen im Besitz des Stadtmuseums Simeonstift Trier: mit Minerva, Jupiter, Juno, Merkur, Apollo mit der Leier und Apollo mit dem Dreifuß, Mars, Saturn, Neptun und Venus ein Ausschnitt aus dem antiken Götterhimmel, dazu der unerlässliche Schönheitsrichter Paris und der mythische Jagdheld Meleager als Verweis auf die große Jagdleidenschaft des Auftraggebers, Kurfürst Johann Philipp von Walderdorff.

Ein Herrscherporträt des Trierer Kurfürsten Clemens Wenzeslaus von Sachsen

Im Jahre 1768 wurde Clemens Wenzeslaus (1739–1812), Prinz von Sachsen und Bischof von Freising und Regensburg, zum Kurfürsten und Erzbischof von Trier gewählt. Seit langem hatte das Erzstift Trier keinen so hochgestellten und mit mächtigen Fürstenhäusern verbundenen Erzbischof und Landesherrn mehr erhalten: der Vater Kurfürst Friedrich August von Sachsen und König von Polen; die Mutter Maria Josepha eine Habsburgerin, Tochter Kaiser Josephs I.; seine Schwester Maria Anna verheiratet mit dem Kurfürsten Maximilian III. Josef von Bayern, die Schwester Josepha mit dem Dauphin von Frankreich und Mutter der französischen Könige Ludwig XVI., Ludwig XVIII. und Karl X.

Dennoch hofften die Trierer Bürger vergebens auf Vorteile aus dieser illustren Stellung ihres Kurfürsten. Während seiner langen Regentschaft besuchte er die Stadt nur ganze drei Mal und vernachlässigte das unter seinem Vorgänger gerade erst modernisierte Kurfürstliche Palais. Mehr noch, er ließ in Koblenz eine weitläufige Schlossanlage erbauen, die den Abzug des Hofes aus Trier mit allen negativen wirtschaftlichen Folgen zementierte. Geprägt vom aufgeklärten Absolutismus nahm er eine Reihe von Reformvorhaben in Angriff – etwa die Einführung der Gewerbefreiheit, die Anlage eines Stadtfriedhofes, die Beschränkung der Vielzahl von Prozessionen oder die Einführung eines Brandversicherungsinstituts –, konnte diese aber nicht gegen den Trierer Magistrat durchsetzen.

Aber auch ohne lokalpatriotischen Gram steht der Name Clemens Wenzeslaus nicht für Erfolg und Kontinuität der Herrschaft, sondern im Gegenteil für den Abbruch der sich über Jahrhunderte erstreckenden Reihe der Trierer Erzbischöfe im Heiligen Römischen Reich Deutscher Nation. Die Französische Revolution machte seiner Herrschaft ein Ende. 1794 floh Clemens Wenzeslaus vor den vorrückenden Revolutionstruppen von seiner Residenzstadt Koblenz aus über den Rhein und weiter nach Augsburg und kehrte nie mehr zurück. Im Frieden von Lunéville wurde der linksrheinische Teil des Erzstiftes Trier an Frankreich abgetreten; der rechtsrheinische Rest ging mit der Säkularisation der geistlichen Staaten unter. Auf Grund des Konkordats zwischen

Napoleon und dem Papst im Jahre 1801 wurde auf einem Teil der früheren Erzdiözese das neue Bistum Trier errichtet, das noch heute besteht. Clemens Wenzeslaus fungierte bis zu seinem Tod im Jahre 1812 als Bischof von Augsburg – mit reichen Pensionen für seine Verluste entschädigt.

Als der kurtrierische Hofmaler Heinrich Foelix im Jahre 1772 dieses großformatige Herrscherporträt des Kurfürsten Clemens Wenzeslaus schuf, war das Machtgefüge noch intakt. Fest verankert in der Tradition des monumentalen Repräsentationsbildnisses, wie es sich seit den Zeiten des französischen »Sonnenkönigs« Ludwig XIV. herausgebildet hatte, wurde auch Clemens Wenzeslaus stehend in ganzer Figur, ruhig, würdevoll-elegant und mit den Insignien seiner Macht dargestellt. Der Kurfürst posiert in einem idealen, säulenbestandenen Raum, die Säulen symbolisieren Stärke und Gerechtigkeit als Stützen seiner Herrschaft. In einen purpurroten Hermelinmantel mit Umhang gewandet, trägt er an einem Seidenband über der Brust das mit Diamanten besetzte Pektoralkreuz als Zeichen seiner geistlichen Macht. Seine Würde als Landesherr und als Wähler des römisch-deutschen Königs demonstriert er durch den vertikal gestellten Kurhut, auf den er beide Hände stützt. Daneben prangt das Band des Großen Sächsischen Adlerordens.

Solche Staatsporträts mit Pomp und großer Geste hatten über die huldigende Funktion hinaus eine eminent politische Aufgabe. Als Sinnbilder für Amt und Herrschaft hingen sie in öffentlichen Räumen und Dienstzimmern, ersetzten die Gegenwart des Kurfürsten. Sie wurden in großen Serien angefertigt, im Aufwand abgestuft nach der Bedeutung der Institution, in der das Porträt angebracht werden sollte.

Kurtrierische Hofmaler, überwiegend in der Malerkolonie Koblenz-Ehrenbreitstein angesiedelt, meisterten diese Sparte offizieller Porträtkunst. Unter Clemens Wenzeslaus war es vor allem Heinrich Foelix (1732–1803); er hatte schon für die beiden Amtsvorgänger, die Kurfürsten Franz Georg von Schönborn und Johann Philipp von Walderdorff, gearbeitet, ebenso wie für den Mainzer Kurfürsten und andere hohe geistliche Würdenträger. Foelix, der sich am Ende der Kurfürstenzeit auch dem bürgerlichen Porträt zuwandte, hatte im Gegensatz zu seinem letzten Brotherrn keinerlei soziale Absicherung, die ihn bei der Auflösung des Koblenzer Hofstaates hätte auffangen können. Er starb in bitterer Armut.

Linke Seite:
Porträt des Kurfürsten Clemens Wenzeslaus von Sachsen (1768–1801/1802), Heinrich Foelix, Ölgemälde, 1772, Inv. Nr. III.318

Ostasiatische Elfenbeinsstatuetten

Das Stadtmuseum Simeonstift Trier verfügt über eine – auch im internationalen Vergleich – bedeutende Sammlung von rund 1300 Elfenbein-Statuetten, überwiegend ostasiatischer Herkunft, die der Stadt Trier im Jahre 1987 durch ein Vermächtnis des Industriemanagers Dr. Martin Schunck zufielen. Die hier gezeigten beiden Elfenbein-Skulpturen gehören der Gattung der »Okimono« an. Aufwändig und oft in Durchbrucharbeit geschnitzt, handelt es sich um Kunstgegenstände, »Hinstelldinge«, die nur dekorative Zwecke erfüllten und damit unseren Vitrinen- oder Liebhaberobjekten gleichkommen. Die Statuetten zeigen einen mandschurischen Beamten mit einer Frau, die ein Wunschzepter mit langer Kordel und Quasten in der rechten Hand trägt. Beider Ursprungsland ist das Chinesische Reich des späten 19. Jahrhunderts, als die Mandschu-Dynastie schon seit mehr als 200 Jahren den chinesischen Kaiserthron okkupierte. In den Ministerien in Peking saßen neben Chinesen Mandschuren als die höchsten Macht- und Würdenträger, der Befehl über das Heer lag sogar ausschließlich in ihren Händen.

Der heute bekanntere japanische Gürtelschmuck, die Netsukes, die mit ca. 900 Stücken einen besonderen Schwerpunkt der Sammlung Dr. Martin Schunck bilden, sind im Kabinett »Stifter im Stift« im zweiten Obergeschoss des Museums in großer Bandbreite zu besichtigen. Darstellungen aus der buddhistischen Figurenwelt, aus den Bereichen des Volksglaubens, der Mythologie, aber auch aus dem Alltag zieren diese Kleinkunstwerke, die zugleich Gebrauchsgegenstände waren. Sie hatten sich aus dem praktischen Bedürfnis einer Befestigungsmöglichkeit entwickelt. Da die traditionelle japanische Kleidung keine Taschen kannte, steckte man alle unverzichtbaren Kleinigkeiten, die man bei sich tragen wollte, in Behältnisse und befestigte diese mit Kordeln am Leibbund oder Gürtel des Kimono; gegen Verlust wurden sie mit einem Netsuke als Sicherungsknebel verknotet.

Okimonos wie Netsukes sind heute zu begehrten Sammlerstücken avanciert. Dies gilt umso mehr, als durch das weltweite Verbot des Handels mit dem Rohmaterial Elfenbein seit 1989/90 und durch das Vermarktungsverbot für neue Elfenbeinschnitzereien kein Nachschub mehr entsteht; die zeitgenössischen Netsuke-Schnitzer weichen auf Mammutzahn und Holz aus.

Mandschurischer Beamter, Okimono (»Hinstellding«), Elfenbein, spätes 19. Jahrhundert, Inv. Nr. XI.1164

Begleiterin eines mandschurischen Beamten, Okimono, Elfenbein, spätes 19. Jahrhundert, Inv. Nr. XI.1165

LEBEN MIT DER ANTIKE

Trier wurde um 18/17 v. Chr. gegründet und war im 4. Jahrhundert eine der Kaiserresidenzen des Römischen Reiches. Die Stadt reichte von der Nordallee bis etwa zur Töpferstraße im Süden. Auf dem Plan zu erkennen sind die noch erhaltenen Großbauten: die Porta Nigra, der Kernbau des Doms, die sog. Basilika, das Amphitheater, die Kaiserthermen, die Thermen am Forum, die Barbarathermen und die Römerbrücke. Nicht erhalten sind u.a. der Circus Maximus und die Speicheranlagen am Hafen. Der Tempelbezirk im Altbachtal (auf dem Plan oben rechts) wartet noch auf seine Ausgrabung.

Der Viehmarkt während der Grabungen

Trier ist die einzige Stadt im späteren Reich, die nachweislich seit dem 3. Jahrhundert ununterbrochen Bischofssitz war. Dies ist allerdings auch für Köln und Metz überaus wahrscheinlich. Im 5. Jahrhundert wurde die ehemalige Kaiserresidenz Trier mehrfach von den Franken eingenommen und zerstört, jedoch bewahrten die Bischöfe und ihr Umfeld die antike Kultur und die christliche Religion.

Im Mittelalter war den Menschen die antike Tradition der ehemaligen Kaiserresidenz bewusst. Stolz nannte Trier sich »Roma secunda«, und die um 1100 im Kloster St. Eucharius verfassten »Gesta Treverorum« (»Die Taten der Trierer«) konstruierten gar die Legende, Trier sei 1300 Jahre älter als Rom selbst. Dies geschah vor allem, um den Rang der Stadt und ihr hohes Alter gegenüber den rivalisierenden rheinischen Erzbischofssitzen Köln und Mainz zu dokumentieren. Genutzt wurden die antiken Bauten teils als Wehrbauten, teils als Steinbrüche und im Falle der Porta Nigra als Stiftskirche.

Mit dem seit dem frühen 19. Jahrhundert verstärkt aufkommenden Moseltourismus, an dem vor allem die Engländer einen nicht unbeträchtlichen Anteil hatten, rückte das antike Erbe erneut stark in den Vordergrund. Die Überreste der römischen Bauten zogen immer zahlreichere Touristen an. 1986 wurden sie zum Weltkulturerbe erklärt, seit 1998 dienen sie als Schauplätze für die Antikenfestspiele. Mit der Antike leben die Trierer auch bis heute bei jedem Bauvorhaben im Innenstadtbereich. Kaum eine Baugrube ohne Reste der römischen Vergangenheit; die Archäologen des Rheinischen Landesmueums Trier bilden immer die Vorhut der Bautruppe.

Das römische Trier

Der Viehmarkt nach der Umgestaltung

Plan der römischen Stadt, nach Lambert Dahm

Ein Militärlager auf dem Petrisberg errichteten die Römer 30 v. Chr. Es umfasste wohl 50 ha, gilt als das älteste in Deutschland, wurde aber nach nur wenigen Monaten wieder aufgegeben.

Die Gründung der Talstadt setzt die Forschung um 18/17 v. Chr. an, da aus jenem Jahr die Holzpfeiler der Römerbrücke stammen. Schon um 40 n. Chr. wird Trier »überaus reiche Stadt« (urbs opulentissima) genannt. Augusta Treverorum war die Hauptstadt des Stammesgebietes der Treverer und überflügelte im Verlaufe des 2./3. Jahrhunderts Reims als wichtigstes Zentrum der Gallia Belgica.

Am Schnittpunkt der beiden Hauptstraßen lag das Forum (der heutige Viehmarkt). Aus der Zeit um 100 n. Chr. stammen der am Hang zum Petrisberg gelegene Circus Maximus sowie

Trier 1999 (Innenansicht Viehmarkt-Thermen), Rut Blees Luxemburg, Fotografie, 1999, Inv. Nr. XIV.49

große Tempelbezirke östlich vor der Stadt, aus dem 2. Jahrhundert die Barbarathermen am Brückenkopf, das Amphitheater am Hang des Petrisberges und der riesige, 6,5 km lange und 285 ha umschließende Mauerring, der Ende des 2. Jahrhunderts mit dem Bau des Nordtores, der heute als Wahrzeichen der Stadt dienenden Porta Nigra, seinen Abschluss fand. Augusta Treverorum war somit die nach Rom größte Stadt in der Westhälfte des Reiches und übertraf auch London, Köln oder Mailand bei weitem.

Die ohnehin schon eindrucksvolle Größe und Ausgestaltung der Stadt erfuhr nochmals deutliche Entwicklungsimpulse, als sie während der zweiten Hälfte des 3. Jahrhunderts Kaiserresidenz und Hauptstadt der Provinz Belgica Prima und im Verlauf des 4. Jahrhunderts Sitz eines Prätorianerpräfekten wurde, dessen Zuständigkeit von Nordafrika über Hispanien und Gallien bis nach Britannien reichte. Trier war auch Ausgangspunkt der Kaiserherrschaft Konstantins des Großen.

Auf die Zeit um 300 gehen u.a. der große Kaiserpalast mit den Thermen und der Palastaula (Konstantinbasilika) sowie die Speicheranlagen am Moselufer zurück. Auch die Anfänge des seitdem ununterbrochen bestehenden Bistums und der Domkirche fallen in jene Zeit. Nie wieder im Laufe seiner über 2000-jährigen Geschichte sollte Trier eine solche Glanzzeit erleben und überregionale Ausstrahlung erlangen wie im 4. Jahrhundert. Damals war es eine der bedeutendsten Städte der Welt.

Blick von der Porta Nigra auf St. Gangolf, Max Lazarus, Ölgemälde, 1926, Inv. Nr. III.208

Porta Nigra III (Innenansicht), Max Lazarus, Ölgemälde, 1926, Inv. Nr. III.1432

Die historische Stadtmauer

Die Errichtung eines unterkellerten Erweiterungsbaus für das Stadtmuseum Simeonstift am nördlichen Rand des Simeonstiftplatzes führte im Vorfeld zu archäologischen Untersuchungen an der Innenseite der mittelalterlichen Stadtmauer, die von April bis August 2005 mit finanzieller Unterstützung der Stadt Trier durchgeführt wurden.

Aus früheren Untersuchungen war bereits bekannt, dass die heute sichtbare mittelalterliche Mauer im Bereich des nördlichen Alleenrings auf dem Fundament der römischen Stadtbefestigung aufsitzt, die nach heutiger Kenntnis im letzten Drittel des 2. Jahrhunderts errichtet wurde. Im Zuge der jetzt durchgeführten Maßnahme wurde die Innenseite des römischen Stadtmauerfundaments in den oberen Lagen auf einer Gesamtlänge von 45 m untersucht und photogrammetrisch aufgenommen. Ebenfalls photogrammetrisch dokumentiert wurden die im Kellergeschoss des Simeonstift-Nordflügels sichtbaren Reste der römischen Stadtmauer (Länge 33 m).

Das zweischalige, in Gusstechnik hergestellte römische Stadtmauerfundament (Breite ca. 4 m) ist außen sorgfältig mit Kalksteinen verblendet und ausgefugt. Durch eine bis auf den anstehenden Moselkies geführte Sondage konnte nachgewiesen werden, dass die Kalksteinverblendung im Bereich des Simeonstiftplatzes bis in die untersten Fundamentlagen hinabreicht. Diese ruhen auf einer Stickung aus hochkant gestellten Kalksteinen (Unterkante bei ca. 128,40 m NN). Eine Baugrube oder Bermenschüttung ließ sich an keiner Stelle nachweisen. Dieser Befund unterscheidet sich deutlich vom nur etwa 30 m östlich gelegenen römischen Stadtmauerbefund unter dem Nordflügel des Simeonstifts, wie aus Untersuchungen von Dr. Heinz Cüppers von 1962 hervorgeht: Dort wurden die Fundamentlagen, die aus mit Kalkmörtel verbundenem Schieferbruchgestein bestehen, ohne jede Verblendung direkt gegen die Erde gesetzt. Der Fundamentgraben schneidet dabei ältere Gräber eines Gräberfeldes, deren Reste in situ unmittelbar bis an die Innenseite der Stadtmauer heranreichten. Die Kalksteinverblendung setzt hier erst am Ansatz der Dossierung ein, d.h. der schrägen Mauereinziehung, welche die damalige römische Terrainhöhe bezeichnet (ca. 133,30 m NN).

Im Bereich des Aufzugsschachtes, der den Neubau mit den Stiftsgebäuden verbindet, wurde im römischen Fundament unerwartet ein 0,60 m breiter und 1,20 m hoher »Durchlass« aufgedeckt, der aus übereinandergeschichteten monolithischen Rotsandsteinquadern konstruiert war. Vermutlich stellt die Anlage eine Kanalöffnung dar, ursprünglich dazu konzipiert, Staunässe an der Innenseite der Stadtmauer nach außen abzuleiten. Der Durchlass im Fundament markiert zudem einen Wechsel des für den Gusskern verwendeten Materials, das in östlicher Richtung aus Schiefer, in westlicher Richtung aus rotem Sandstein besteht.

Auf der gesamten Länge des Simeonstiftplatzes wurde an der Innenseite des römischen Stadtmauerfundaments eine kompakte, ca. 1,70 m starke Lage Bauschutt dokumentiert. Diese enthielt rund 400 Antoniniane aus der Zeit des späten Gallischen Sonderreichs (270/74 n. Chr.) sowie Münzgussstangen mit vorgefertigten Kerben, Münzrohlinge und Probeabschläge von Münzstempeln. Die Zusammensetzung der Funde deutet darauf hin, dass es sich bei dem Bauschutt um Überreste einer bisher nicht lokalisierten Münzstätte handelt, die mit dem Ende des Gallischen Sonderreichs im Jahr 274 n. Chr. aufgegeben wurde, da von den insgesamt 500 in dieser Schicht geborgenen Münzen keine nach 274 datiert. Unter den weiteren hier gezeigten Kleinfunden der Grabung ragen ein Zirkel und ein Senkblei als Hilfsmittel römischer Bauleute heraus.

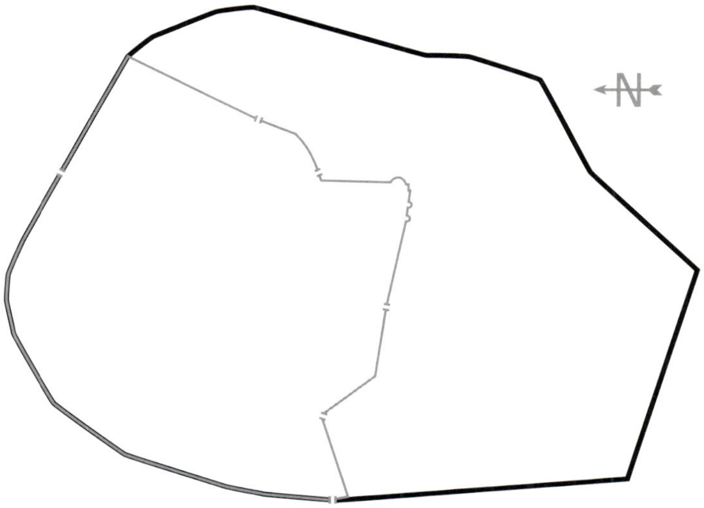

Grundriss der antiken und mittelalterlichen Stadtmauer

Römischer Zirkel, Metall, Leihgabe des Rheinischen Landesmuseums Trier

Bei den Untersuchungen wurde ein bis dahin unbekanntes, etwa 25 m langes Gebäude dokumentiert, das unmittelbar auf dem Fundament der römischen Stadtmauer aufsaß und eine direkte Fortsetzung des Simeonstift-Nordflügels nach Westen bildete. Das Gebäude, das noch durch Fundamentmauerwerk und Ausbruchgräben im Grundriss zu erfassen war, stand wohl in einem baulichen Zusammenhang mit den romanischen Stiftsgebäuden des 11. Jahrhunderts. Bei der Errichtung dieses Baues wurde das Fundament der römischen Stadtmauer gleichmäßig abgearbeitet, um einen planen Baugrund herzustellen. Das neu aufgedeckte Nebengebäude des Simeonstifts wurde dann offenkundig bereits im Hochmittelalter bei der Errichtung der Stadtmauer (wohl im 13. Jahrhundert) niedergelegt, da diese bereits eine Quermauer des Gebäudes schneidet.

Weiter westlich wurde bei den Grabungen die Beringmauer des Simeonstifts erfasst, die schon vom städtischen Konservator Friedrich Kutzbach in einem Plan festgehalten worden war. Darüber hinaus führten die Untersuchungen zur Aufdeckung eines Abwasserkanals: Der im Spätmittelalter angelegte und wohl bereits im 16. Jahrhundert aufgegebene Kanal verläuft von der Stadtmauer aus in südwestliche Richtung und mündete vermutlich in den unweit verlaufenden Stadtbach.

Die römische Stadtmauer und die stiftszeitlichen Mauerwerksbefunde wurden vor Ort konserviert und in den Keller des Neubaus integriert, um sie künftig Besuchern zu präsentieren.

Im frühen Mittelalter zerfielen die Römermauern, jedoch nutzte man ihr Material für den Bau der mittelalterlichen Stadtmauer des 12./13. Jahrhunderts, die nur noch die Nordhälfte der Römerstadt umschloss. Im Norden bei der Porta Nigra folgte diese Mauer der antiken Befestigung. Auch die mittelalterliche Mauer auf den römischen Fundamenten ist hier zu sehen, ebenso Mauerwerk des Stiftsberings von St. Simeon, das wohl aus der Zeit der Stiftsgründung stammt oder wenig jünger, also ins 11. Jahrhundert zu datieren ist.

Die hochmittelalterliche Stadtmauer hatte in Trier über 800 Jahre Bestand. Erst während der 2. Hälfte des 19. Jahrhunderts wurde sie abgerissen und an ihrer Stelle – wie andernorts auch – der Alleenring angelegt.

Die »Malerischen Ansichten« des Trierer Malers Johann Anton Ramboux

Kein anderer Trierer Maler hat seiner Heimatstadt ein so exzellentes Denkmal gesetzt wie Johann Anton Ramboux mit seinem Zyklus von 16 großformatigen Grafiken, die er in den Jahren 1824–27 in Trier und München herausgab. Unter dem Titel »Malerische Ansichten der merkwürdigsten Alterthümer und vorzüglicher Naturanlagen im Moselthale bey Trier« legte er eine Abfolge römischer Baudenkmäler in Trier vor, die in dieser hohen Qualität keine Parallele fand. Zusammen mit zahlreichen Vorzeichnungen seiner Hand zählen die Lithographien dieses Ansichtenwerks heute zu den besonderen Schätzen des Stadtmuseums Simeonstift, das diesen Bestand im Jahre 1991 in einer umfangreichen Ausstellung ausgebreitet und in einem – im Museums-Shop noch erhältlichen – Katalog wissenschaftlich aufgearbeitet hat.

Johann Anton Ramboux bündelte in seiner Hinwendung zu den Römerbauten gleich mehrere Strömungen seiner Zeit. In Paris, wo er als Schüler des napoleonischen Hofmalers Jacques Louis David eine glänzende Ausbildung erhalten hatte, war er Zeuge der nachrevolutionären Bemühungen um die Rettung der verbliebenen nationalen Kunstgüter geworden. Er hatte dort Kontakte zum Künstlerkreis um den Comte Alexandre de Laborde geknüpft, der mit der Herausgabe einer großangelegten Kupferstichserie zu den französischen Monumenten, zu der auch zahlreiche Blätter mit Trierer Antiken gehörten, befasst war.

Bei einem ersten, sechsjährigen Italienaufenthalt – er lebte später noch einmal rund 10 Jahre in Italien – hatte er dann die große Zahl von Ansichtenfolgen zu den wichtigsten Sehenswürdigkeiten Roms kennengelernt, allen voran die graphischen Serien des Giovanni Battista Piranesi. Dessen ab der Mitte des 18. Jahrhunderts erschienene »Veduti di Roma« sollten mit ihrer Art der »Ruinenmalerei« ganze Künstlergenerationen und eben auch Johann Anton Ramboux prägen.

Römerbrücke,
Johann Anton Ramboux,
Lithographie, 1824–1827,
Inv. Nr. V.1246

Auch die Welle der Antikenbegeisterung, besser einer fast sakralen Verehrung der Antike, die ganz Westeuropa seit der Mitte des 18. Jahrhunderts erfasst hatte, spielte eine wichtige Rolle. Sie war wesentlich durch die Ausgrabungen von Herculaneum und Pompeji samt der Veröffentlichung der Funde in opulenten Stichfolgen ausgelöst und mit den die Kunst des Altertums verherrlichenden Schriften Johann Joachim Winckelmanns bestärkt worden. Auch die Bürger der Stadt Trier eiferten diesen berühmten Vorbildern nach. Im Jahre 1808 führte die Trierer Gesellschaft für nützliche Forschungen ihre ersten Ausgrabungen durch und barg die

Funde in einem museumsähnlichen Schauraum. Knapp zehn Jahre später vollendete die preußische Regierung die schon von Napoleon im Jahre 1804 befohlene Freilegung der Porta Nigra. Die beiden Tordurchlässe waren nun, wie zur Römerzeit, wieder passierbar. Außerdem diente das Gebäude fortan als Museum für römische Steindenkmäler, die bei archäologischen Untersuchungen und Ausgrabungen in den damals sog. »Römischen Bädern« (heute Kaiserthermen) und im Amphitheater zu Tage kamen. Alle diese Aktivitäten begleitend erschien eine Vielzahl von Publikationen, die in den »Malerischen Ansichten« gipfelten.

Mit seiner Mischung aus nahsichtiger Monumentalisierung der Römerbauten und Ruinen samt deren Einbettung in eine romantisch gesehene Landschaft stimmte Ramboux das Hohe Lied auf seine Heimatstadt, auf das »Rom des Nordens«, die »Roma secunda« an. Und es gab auch einen Trierischen Winckelmann, der die Begleittexte zu den einzelnen Lithographien der Ramboux-Mappe beisteuerte: Es war der bekannte Trierer Gymnasialdirektor und Privatgelehrte Johann Hugo Wyttenbach. Er breitete mit Kennerschaft und Lokalstolz die neuesten Forschungsergebnisse zu den Römerbauten aus und lancierte Besprechungen der Ansichtenfolge in der überregionalen Presse, etwa durch Johann Wolfgang von Goethe, den er einst als junger Lehrer zu den Trierer Altertümern geführt hatte.

Antikenbegeistert waren aber nicht nur die Trierer selbst, sondern auch die Reisenden, die ab den 1820er Jahren vermehrt zur Besichtigung der römischen Baudenkmäler in die Stadt kamen. Während die obligatorische Kunst- und Bildungsreise immer noch nach Italien führte, wuchs gleichzeitig das Interesse an einer persönlichen Begegnung mit antiker Kunst und Hinterlassenschaft in den einst gallorömischen Provinzen. Die Rheinromantik tat ein Übriges, und so folgte dem Rheintourismus die Entdeckung der Römerstadt an der Mosel und der Schönheit ihrer landschaftlichen Umgebung, die als lieblich und unberührt gepriesen wurde. Auch dieser Frühtourismus, an gebildete, wissensdurstige und zudem zahlungskräftige Reisende gebunden, gehört zum Hintergrund des von Ramboux riskierten großen graphischen Mappenwerkes, dessen Auflage von 250 Exemplaren sich jedoch schleppender als erhofft absetzte. Die Zielgruppe der Bildungs- und Wirtschaftsbürger stellte eben nur einen verschwindend kleinen, wenn auch sehr einflussreichen Teil der Gesamtgesellschaft dar. Der heutige Massentourismus und sein ökonomisches Gewicht waren noch nicht zu ahnen.

Römische Bäder (Kaiserthermen), Johann Anton Ramboux, Lithographie, 1824–1827, Inv. Nr. V.196

Amphitheater, Johann Anton Ramboux, Lithographie, 1824–1827, Inv. Nr. V.188

DIE MITTELALTERLICHE STADT

Trier im Frühmittelalter

Nach den Verwüstungen der Völkerwanderung im 5. Jahrhundert und der endgültigen Einnahme Triers durch die Franken um 485 verfielen die Mauern wie das römische Straßennetz und zahlreiche der antiken Großbauten. Trier war während des frühen Mittelalters zur offenen Stadt geworden und wurde von den Normannen 882 erneut zerstört.

Hauptmarkt mit Steipe,
Georges-Adelmard Bouet,
Öl auf Holz, 1886,
Inv. Nr. III.1302

Auf den römischen Gräberfeldern hielt man einige Sarkophage für Heiligengräber; auch zahlreiche Trierer Bischöfe fanden dort ihre letzte Ruhestätte. Auf den Bestattungsplätzen entstanden geistliche Gemeinschaften: St. Eucharius im Süden, St. Martin, St. Maximin, St. Paulin und St. Maria am Ufer im Norden. Während der römische Großbau von St. Paulin, der bis weit ins 11. Jahrhundert Bestand hatte, als Stiftskirche diente, zogen in die anderen Kirchen Benediktinermönche ein. In den Speicheranlagen am Hafen ließen sich fromme Frauen nieder; hier entstand das Kloster Ören (später: St. Irminen). Nicht zuletzt durch seine geistlichen Institutionen war Trier im frühen Mittelalter ein weithin ausstrahlendes kulturelles Zentrum.

Zentrum des mittelalterlichen Trier war der Dom St. Peter mit der südlich angrenzenden Liebfrauenkirche. Nachdem das römische Forum verfallen war bzw. als Steinbruch genutzt wurde, errichtete Erzbischof Heinrich 958 unweit der Domgruppe den Hauptmarkt der Stadt samt Marktkreuz, der sich zum wirtschaftlichen Mittelpunkt entwickelte. Von hier führten Straßen zur Porta Nigra, zum südlichen Stadttor und zur Römerbrücke und weiter nach Köln.

Der wohl seit der Zeit um 1000 ummauerte Dombering umfasste gut 7 ha. In Trier fing man im Mittelalter also nach der glanzvollen Römerzeit wieder ganz bescheiden an – im Gegensatz etwa zu Köln, Metz oder Mainz, wo die Römermauern Bestand hatten.

Trier um 1000: Römische Ruinen und Siedlungskerne

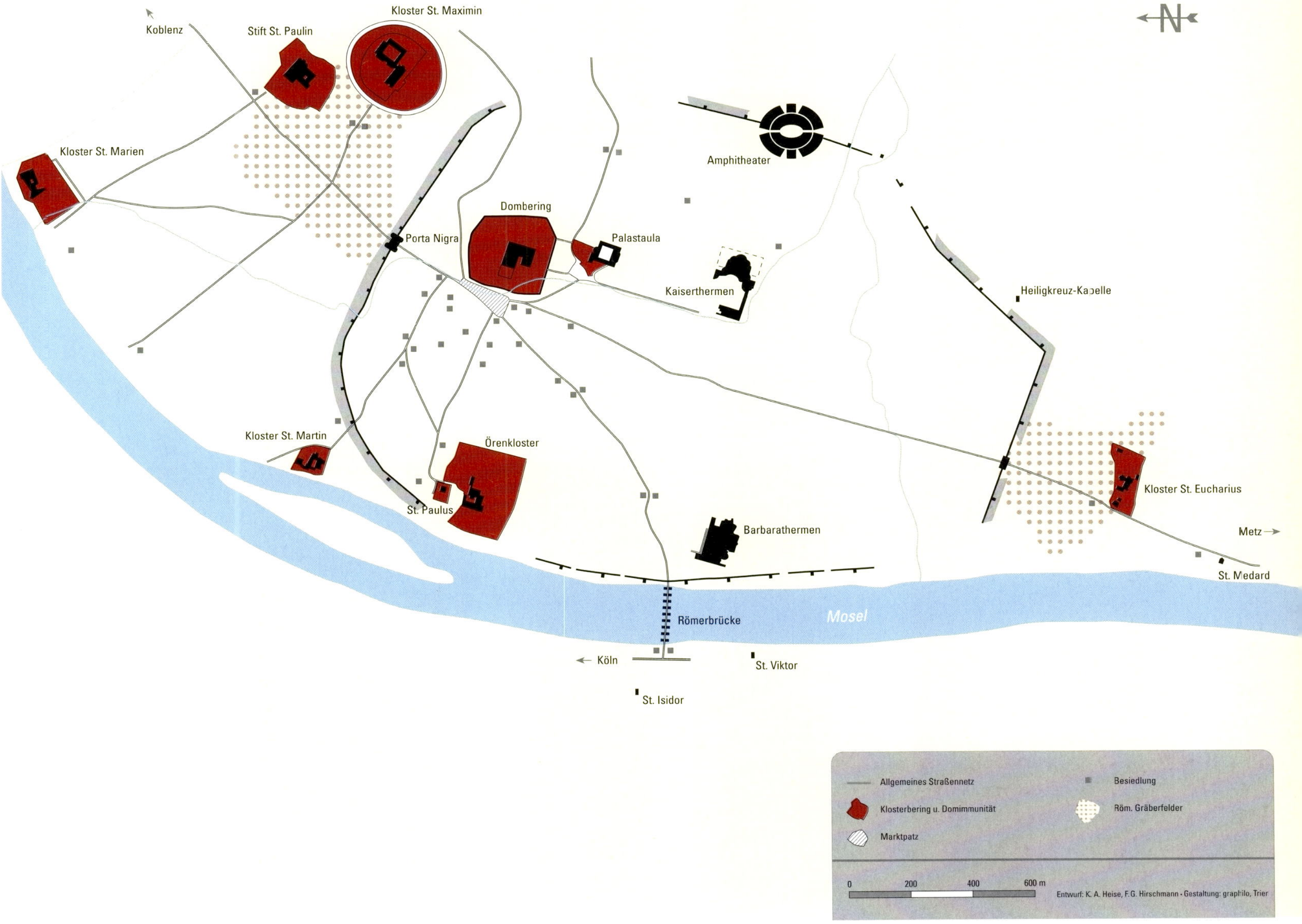

Plan Trier um 1000,
nach Karl August Heise und Frank G. Hirschmann

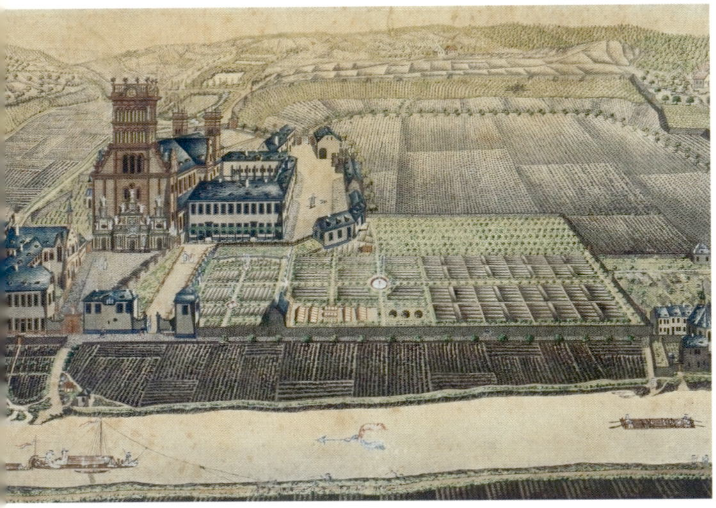

Abtei St. Matthias, Johann Lothary, Tuschezeichnung und Gouache, 1808, Inv. Nr. III.218

Abtei St. Martin bei Trier, Johann Lothary, Tuschezeichnung und Gouache, 1808, Inv. Nr. III.219a

Innenansicht der Liebfrauenkirche, Wilhelm Schmitz, Ölgemälde, 1891, Inv. Nr. III.741

Domkreuzgang mit Gräberfeld, Fritz Quant, Ölgemälde, 1928, Inv. Nr. III.646

Westportal der Liebfrauenkirche,
Friedrich Anton Wyttenbach, Ölgemälde, 1835, Inv. Nr. III.341

Porta Nigra und Simeonstift

Im römischen Nordtor aus dem 2. Jahrhundert ließ sich vor 1030 der aus Sizilien stammende Einsiedler Simeon nieder – nicht unbedingt zur reinen Freude der Trierer, die seine griechischen Gesänge eher befremdlich fanden. Nach seinem Tod 1035 betrieb der mit ihm befreundete Erzbischof Poppo die Heiligsprechung, gründete das Kanonikerstift St. Simeon und errichtete in der Porta Nigra eine Stiftskirche. Diese war zweigeschossig, in das Untergeschoss führte eine monumentale Freitreppe. Da die Porta Nigra nun ein heiliger Ort war, entging sie im Gegensatz zu den meisten anderen römischen Großbauten, die als Steinbrüche genutzt wurden, dem Abriss.

Die ältesten Teile des Simeonstiftes hat man unlängst mit Hilfe der Dendrochronologie in die Zeit der Stiftsgründung um 1040 datieren können. Damals wurden westlich bzw. südwestlich der nunmehr zur Stiftskirche umgebauten Porta Nigra ein annähernd quadratisches Geviert von 35 x 30 m angelegt und zu diesem Zwecke der Stadtbach umgeleitet. Die Nordseite folgt der römischen Stadtmauer, war dann in die mittelalterliche Stadtmauer integriert und lässt noch heute die Wehrhaftigkeit der Stiftsgebäude gut erkennen.

Der Kreuzgang verlief auf dem ersten Stock, wo sich auch der Eingang in die Stiftskirche befand. Darunter lagen Wirtschafts- und Personalräume.

Im 18. Jahrhundert hat man die Arkaden im Ost- und Südflügel zugemauert und diejenigen vor dem Nordflügel abgebrochen, um Platz für Wohnungen der Stiftsherren zu schaffen.

1802 wurde das Simeonstift im Zuge der Säkularisation aufgehoben. Kaiser Napoleon verfügte den Rückbau der Porta Nigra in ihren antiken Zustand. Ende des 19. Jahrhunderts musste auch der Westflügel des Kreuzgangs mitsamt der dortigen Nikolauskapelle weichen.

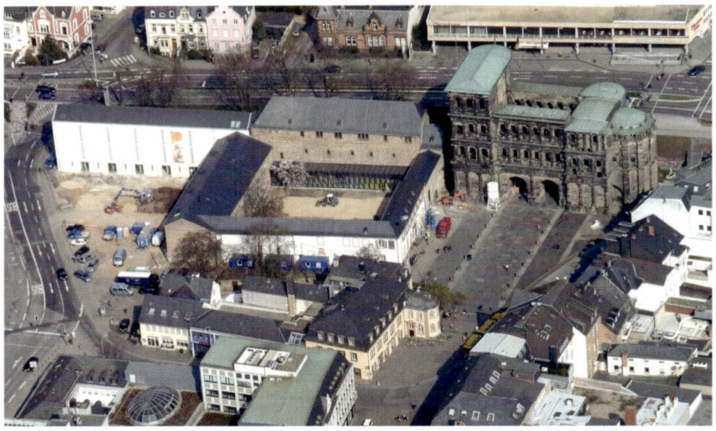

Seit 1917/18 ist das Simeonstift im Besitz der Stadt Trier. 1937/38 wurden spätere Zutaten abgerissen, Vorhandenes restauriert und ergänzt und so das Gebäude vor dem Verfall bewahrt. Der ursprüngliche Zustand ist heute vor allem im Südflügel und im südlichen Teil des Ostflügels zu sehen. Der Nordflügel enthält bis auf den nicht wiederhergestellten Kreuzgang und Eingriffe der 1930er Jahre noch viel Bausubstanz des 11. Jahrhunderts. Hier befanden sich die Gemeinschaftsräume der Stiftsherren, darunter die Bibliothek.

Nach dem Zweiten Weltkrieg zog das Stadtmuseum Simeonstift hier ein. 2005/06 wurde die Eingangszone weitgehend umgestaltet und mit einer Ostflügelschließung im 1. Stock versehen. Gleichzeitig errichtete man vor dem Nordflügel ein gläsernes Foyer, das zentrale Treppenhaus und den Neubau in der Verlängerung des Nordflügels nach Westen hin. Dieser ruht ebenfalls auf den römischen Fundamenten und der mittelalterlichen Stadtmauer. Im 1. und 2. Obergeschoss nimmt er die Gemäldegalerie des Stadtmuseums bzw. Wechselausstellungen auf. Das 1. Obergeschoss der alten Stiftsgebäude präsentiert die stadtgeschichtliche Ausstellung des Museums, das 2. Obergeschoss des Nordflügels das Stifterkabinett und die Textilsammlung.

So haben viele Jahrhunderte ihre Spuren an den Gebäuden hinterlassen. Sie zeugen von den vielfältigen Nutzungsmöglichkeiten und tragen gerade in ihrer Heterogenität – etwa in der Dachlandschaft – zum besonderen Reiz des Simeonstiftes bei.

Porta Nigra und Simeonstift 2007

»Porta Martis et Nigra Romanorum Nunc in Templum Canonicale S. Simeonis transformata« (Die Porta Nigra als St. Simeonskirche), Caspar Merian, Kupferstich, 1670, Inv. Nr. V.1224

Porta Nigra, Gottfried Weisenahl, Ölgemälde, um 1830, Inv. Nr. III.244

Simeon als Eremit

Wie eine mittelalterliche Legende mutet das vielgestaltige und unruhige Leben des Griechen Simeon an und ist doch durch glaubwürdige, zeitgenössische Quellen belegt. Um 960 im damals muslimischen Syrakus geboren, studierte er in Konstantinopel, lebte als Pilgerführer in Jerusalem, als Mönch mit Diakonweihe in Klöstern in Bethlehem und am Fuß des Sinai, zwischendurch auch als Einsiedler am Ufer des Jordan und in der Sinai-Wüste. Um 1026/27 erhielt Simeon den Auftrag zu einer Reise in die Normandie, um dort Zinsgelder abzuholen, die dem Sinai-Kloster gelobt worden waren. Die langwierige und mit vielen Zwischenfällen verbundene Fahrt war jedoch vergeblich, da der Stifter, der normannische Herzog Richard II., vor der Ankunft Simeons in Rouen verstorben war, ohne ein entsprechendes Vermächtnis auszusetzen.

Über Verdun begab sich Simeon daraufhin nach Trier, wo Abt Eberwin des Benediktinerklosters St. Martin, den er auf seiner Fahrt kennengelernt hatte, ihn als Gast aufnahm. Wenig später wählte Erzbischof Poppo von Babenberg den mehrsprachigen und welterfahrenen Simeon als Begleiter auf seiner Pilgerreise nach Jerusalem und nahm ihn auch wieder mit zurück nach Trier. Hier ließ sich Simeon um 1030 in der Tradition der Säulenheiligen als »der Welt gestorbener« Einsiedler in einem hochgelegenen Raum des Ostturms der Porta Nigra einsperren. Nach seinem Tod im Jahre 1035 wurde er wunschgemäß auch dort nach griechisch-orthodoxem Ritus beigesetzt.

Die von Erzbischof Poppo betriebene schnelle Heiligsprechung Simeons durch den Papst, der Umbau der römischen Toranlage zu einer Doppelkirche um sein Grab sowie die Gründung eines Kanonikerstifts zur geistlichen Betreuung der Kultstätte geschahen wohl in der Hoffnung, dass sich St. Simeon zu einer großen Wallfahrtsstätte entwickeln würde. Doch höherrangige Reliquien, etwa der Abtei St. Matthias, waren für die Pilger attraktiver als die Relikte des griechischen Einsiedlers, der zeitweise sogar im Verdacht gestanden hatte, Unheil auf die Stadtbewohner zu ziehen. Das nach St. Simeon benannte erzbischöfliche Stift dagegen entwickelte sich über Jahrhunderte sehr gedeihlich, galt als eine der Kaderschmieden des Kurfürstentums und sah bedeutende Gelehrte in den Reihen seiner Kanoniker.

Wenn auch die Wallfahrt zum Hl. Simeon keine Strahlkraft entfaltete, so erreichte doch ein Relikt aus seiner Hinterlassenschaft eine gewisse volkstümliche Berühmtheit: seine Mütze. Meist als Birett bezeichnet, sollte die bienenkorbähnliche Kopfbedeckung aus ungefärbter Schafwolle bei Anrührung hilfreich gegen Kopfweh sein. Auf bildlichen Darstellungen, vom großen Stiftssiegel aus dem 12. Jahrhundert bis

Hl. Simeon,
Ölgemälde, 18. Jahrhundert,
Inv. Nr. III.1182

zum gedruckten Reliquienverzeichnis aus dem 18. Jahrhundert, trägt Simeon durchgehend diese zu seinem Erkennungszeichen gewordene Mütze.

Umso mehr erstaunt es, dass dies auf dem hier ausgestellten Gemälde, das erst kürzlich wiederentdeckt und restauriert wurde, nicht der Fall ist. Barhäuptig mit Nimbus sitzt Simeon in seiner Zelle, gekleidet in die Dalmatika, das weiße Obergewand des Diakons. Ein Asket mit ergeben-melancholischem Gesichtsausdruck. Rechts neben ihm ein hohes Kruzifix, ein aufgeschlagener Kodex, ein Totenschädel und eine Sanduhr als Vergänglichkeits- und Einsiedler-Attribute, wie sie seit Dürers berühmten Darstellungen des »Hl. Hieronymus im Gehäus« gängig waren. Linkerhand die karge Nahrung des Einsiedlers, ein Laib Brot und ein Krug Wasser, darüber ein Betpult.

Um die sichere Identifizierung zu gewährleisten, hat der anonym gebliebene Maler die Figur des Heiligen mit einem nahsichtigen Ausblick auf die Porta Nigra mit eingebauter Simeonskirche hinterfangen. Man sieht die stadtseitig zur Kirche hinaufführende gewaltige Freitreppe, links davon den Westturm der Kirche, noch ohne Barockhaube und Uhr. Da die Stiftsherren von St. Simeon im Jahre 1720 den Glockenturm ihrer Kirche höher führten und ihn mit einem kuppelförmigen Dach mit Laterne sowie mit einer Turmuhr versahen, kann das Bildnis in die Zeit unmittelbar vor diesen Veränderungen datiert werden.

Die Porta Nigra als Bilderuhr

Bilderuhr: Die Porta Nigra als Simeonskirche,
Ludwig Neureuter, Öl auf Holz, um 1840,
Inv. Nr. III.1347

Der Trierer Maler Ludwig Neureuter (1796–1871) hatte die Doppelkirche St. Simeon vor ihrem Abriss auf Befehl Kaiser Napoleons nur noch als Kind erlebt, konnte sich aber für sein zur Bilderuhr erweitertes Ölgemälde auf frühere Abbildungen, insbesondere durch die Künstler Caspar Merian (1670) und Johann Lothary (1808) stützen.

Bilderuhren waren eine beliebte Spielerei der Biedermeierzeit, bei der Maler und Uhrmacher zusammenarbeiteten. Die Maler fertigten Architektur- oder Landschaftsgemälde, bevorzugt mit dem Motiv eines wirklichen oder erfundenen Uhrenturms. Die Uhrmacher bauten dann an der »richtigen« Stelle die Uhr ein, das Werk auf der Rückseite und das Zifferblatt auf der Vorderseite der Bildtafel, und zwar passgenau auf den gemalten Turm. Oft gab man diesen Bilderuhren auch noch ein Schlagwerk oder ein Musikspielwerk mit, manchmal bewegten sich sogar Tiere und Menschen als Automaten.

Außer der Simeonskirche mit Turmuhr hat Neureuter auch noch den Trierer Dom als Bilderuhr gemalt, der an anderer Stelle der Stadtgeschichte ebenfalls ausgestellt ist. Er hat die Motive jeweils mehrfach wiederholt, Bilderuhren »in Serie« geschaffen; die Nachfrage der Trierer und auch der Touristen war wohl lebhaft. In die Bilderuhr St. Simeon wurde ein aus der Schweiz importiertes Uhrwerk eingebaut. Neureuter arbeitete aber auch mit dem bekannten Trierer Uhrmacher Nicolaus Schlöder zusammen.

Die Stadt der Bischöfe und Bürger

Nach dem Verfall der Römermauern bildete der wohl seit der Zeit um 1000 ummauerte Dombering mit dem davor liegenden Markt den Kern des mittelalterlichen Trier. Stadtherren waren die Erzbischöfe, darunter als bedeutendster Balduin von Luxemburg, der von 1307 bis 1354 regierte.

Daneben verfestigte sich seit dem 12. Jahrhundert die Stadtgemeinde, die seit spätestens 1148 über ein Siegel verfügte. An ihrer Spitze standen die Schöffen und der Schöffenmeister und später zusätzlich zwei Bürgermeister. Das Rathaus befand sich auf dem heutigen Kornmarkt, im 15. Jahrhundert errichtete die Stadt darüber hinaus die Steipe am Hauptmarkt als Fest- und Tanzhaus.

Nicht zuletzt wegen seiner vielen Klöster war Trier ein kulturell weithin ausstrahlendes Zentrum. Demgegenüber war die wirtschaftliche Bedeutung eher gering.

Im späten Mittelalter zeichnete sich mit der Krise des Weinbaus, der Ermordung der Juden und dem Wegzug des erzbischöflichen Hofes der Niedergang der Stadt, die damals rund 10.000 Einwohner zählte, bereits deutlich ab. Daran änderte auch die Gründung einer Universität durch die Stadt im Jahre 1473 nichts.

Modell des Frankenturms, Stuck und Holz, 1. Hälfte 20. Jahrhundert, Inv. Nr. II.295

Modell des spätgotischen Färberhauses, »Zum Kronenbaum«, ehemals Weberbachstraße (kriegszerstört), Stuck und Holz, 1. Hälfte 20. Jahrhundert, Inv. Nr. II.297

Neutorrelief, Abguss des Bogenfeldes über dem ehemaligen Südtor der Stadt (Neutor), um 1140/50 unter dem Trierer Erzbischof Albero von Montreuil errichtet.

Das Trierer Stadtsiegel (spätestens 1148)

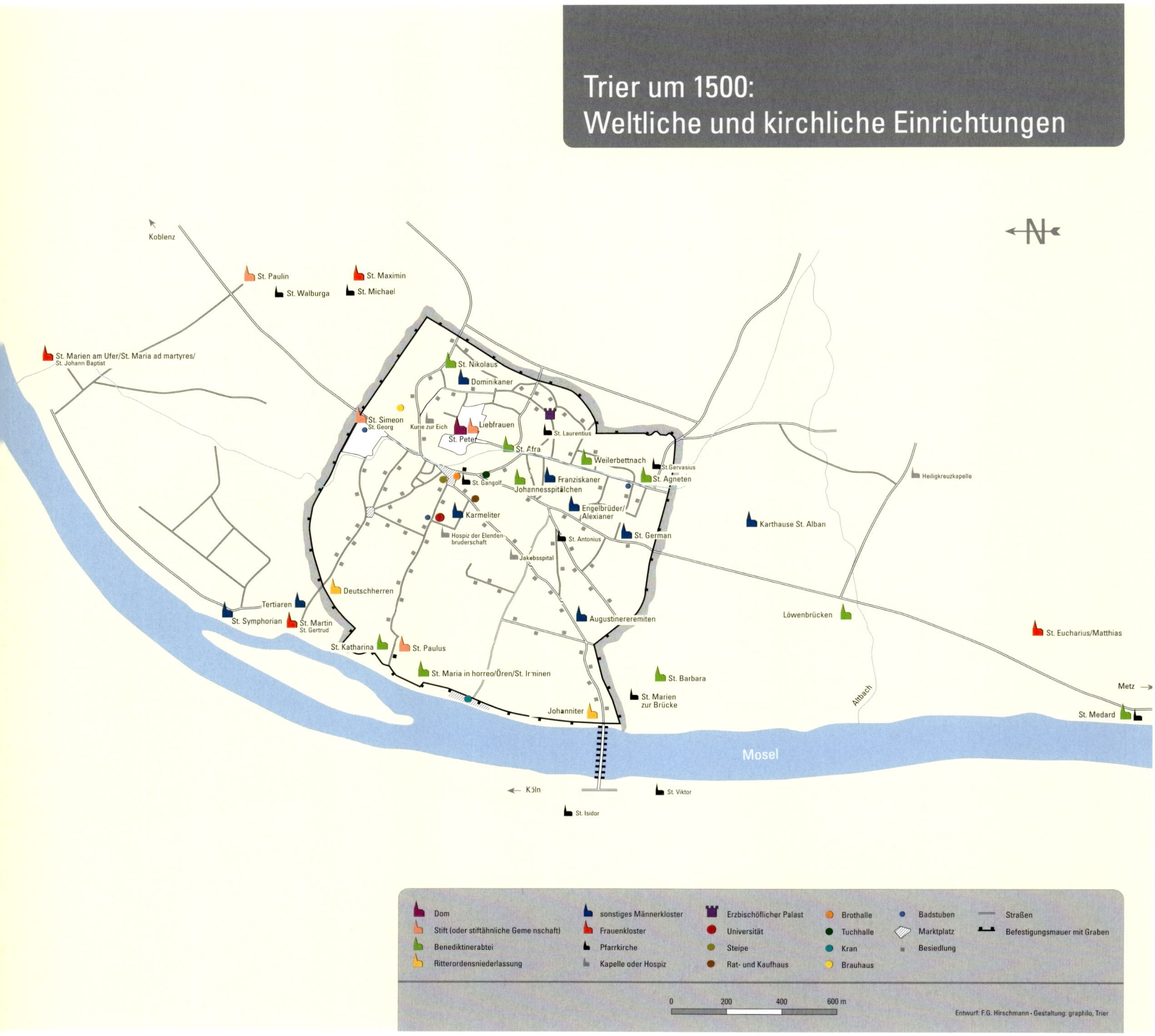

Plan Trier um 1500,
nach Frank G. Hirschmann

Balduin von Luxemburg – Triers bedeutendster Erzbischof (um 1285–1354)

Balduin war wohl drei Jahre alt, als 1288 sein Vater Graf Heinrich IV. von Luxemburg und dessen drei Brüder in der Schlacht von Worringen fielen und seine Mutter Beatrix die Regierung in der Grafschaft übernahm. Er wuchs am Hof in Luxemburg und in der hennegauischen Heimat seiner Mutter auf und studierte von 1299 bis 1307 in Paris. In jenem Jahr wurde er im Alter von 21 oder 22 Jahren zum Trierer Erzbischof geweiht – entgegen dem Kanonischen Recht, welches ein Mindestalter von 30 Jahren vorschrieb. Wenige Monate später wurde sein Bruder Heinrich VII. zum König gewählt. Von 1310 bis 1313 nahm er an dessen Italienfeldzug teil. Heinrich erlangte zwar die Kaiserkrone, politisch scheiterte er jedoch und starb – ebenso wie die Königin und ein weiterer Bruder – noch in Italien.

Während seines 46 Jahre dauernden Episkopats erwies sich Balduin als überaus tatkräftiger, innovativer und wirkmächtiger Erzbischof. Gleich zu Beginn seiner Herrschaft schloss er 1309 einen Vertrag mit der Stadt Trier, welcher die Abschaffung des Rates vorsah. Dadurch war der politische Alleinvertretungsanspruch der alten Schöffenfamilien wiederhergestellt, die eng an den Erzbischof gebunden waren.

Balduin festigte die Landesherrschaft und konnte erhebliche territoriale Gewinne verbuchen. Erst durch ihn wurde das Trierer Erzstift ein mehr oder weniger zusammenhängendes Territorium, dessen Schwerpunkt sich nun zunehmend an den dichter besiedelten Mittelrhein verlagerte, u. a. verpfändete ihm sein königlicher Bruder Boppard und Oberwesel. Zur Sicherung seines Herrschaftsbereiches ließ der Erzbischof Burgen bauen, die zum Teil bis heute seinen Namen tragen: Baldenau, Balduinstein, Baldeneck …

Der Erzbischof konnte sich auf ein enges Beziehungsgeflecht zu seinen Klerikern stützen. Parallel zum Ausbau des Territoriums führte er eine Ämterverfassung nach westlichem Vorbild ein und setzte in den zentralen Orten des Erzstifts Amtmänner und Notare ein. Bis zu 54 Burgen, Städte und Marktflecken stattete er in geradezu inflationärer Weise mit Frankfurter Stadtrecht aus, wobei einige davon nie auch nur ansatzweise urbane Qualität erlangten. Auch durch den Bau von Straßen, die Ummauerung unbefestigter Orte und die Ansiedlung von Juden verlieh er dem Erzstift deutliche Entwicklungsimpulse. All dies geschah nicht ohne Konflikte mit dem Adel der

Porträt des Trierer Erzbischofs Balduin von Luxemburg (1307–1354), Ölgemälde, 18./19. Jahrhundert, Inv. Nr. III.305

Der Balduinbrunnen

Region, z. B. setzte 1338 die tatkräftige Gräfin Loretta von Sponheim den Erzbischof längere Zeit gefangen.

Balduin reformierte die erzbischöfliche Kanzlei und die Finanzen, letzteres vor allem gestützt auf jüdisches Know-how – was ihn freilich nicht daran hinderte, sich nach der Ermordung der Juden im Pestpogrom 1349 an dem eingezogenen jüdischen Vermögen zu bereichern. Die Urkundenproduktion im Erzbistum wuchs unter seiner Regierung enorm an; die hier verwendete Kanzleisprache war eine der wichtigsten Grundlagen bei der Herausbildung der mittelhochdeutschen Schriftsprache.

Balduin wirkte aber nicht nur in Trier: In den 1330er Jahren war er jahrelang auch Pfleger der Bistümer Mainz, Worms und Speyer, wodurch große Gebiete im Westen des Reiches zu seiner kirchlichen und weltlichen Herrschaft gehörten, darunter die sog. Suffraganbistümer Metz, Toul und Verdun. Zudem war er zeitweise Statthalter in der Grafschaft Luxemburg und fungierte bei Abwesenheit des Königs als dessen Stellvertreter im Reich, stand also an der Spitze der Reichsregierung.

In seinem Wirkungsbereich förderte er maßgeblich die Kartäuser, die als vorbildhaft unter den im übrigen durchweg krisengeschüttelten Orden jener Zeit galten und sich damals im gesamten Reichsgebiet verbreiteten. Auch vor den Toren Triers stiftete er ein Kartäuserkloster (hinter dem heutigen Stadtbad).

Auf reichspolitischer Ebene setzte er sich zielstrebig für die Stärkung des Wahlrechts der Kurfürsten und die Abweisung des päpstlichen Approbationsanspruches ein. Unter seiner maßgeblichen Beteiligung wurden drei Könige gewählt: sein Bruder Heinrich VII., Ludwig der Bayer und sein Großneffe Karl IV., ein Enkel Heinrichs VII.

Mit seinem Tod im Alter von knapp 70 Jahren kam 1354 die Expansion des Trierer Erzstifts zum Stillstand, und bereits in seinen letzten Regierungsjahren zeichnete sich der Niedergang Triers im späten Mittelalter ab. Gleichwohl verloren Stadt, Erzstift und Erzbistum mit Balduin den bedeutendsten Erzbischof und Kurfürsten ihrer Geschichte.

Hauspatrone

Heilige als Vorbild und Fürsprecher haben in der Katholischen Kirche eine lange Tradition. Unter den Schutz eines besonders verehrten Heiligen stellten sich nicht nur geistliche Institutionen wie Diözesen, Kirchen und Klöster, sondern auch Länder, Städte und Gemeinden, Berufsgruppen, Familien, sogar jede einzelne Person mit dem am Namenstag gefeierten Namenspatron. Das volkstümliche Patronatswesen erstreckte sich auch auf öffentliche und private Gebäude und zeigte sich oftmals in der Anbringung der entsprechenden Heiligenfigur über dem Eingang oder an einer anderen markanten Stelle. Viele dieser Skulpturen sind nachträglich in die Obhut des Stadtmuseums Simeonstift gelangt, teils aus konservatorischen Gründen, um sie vor Witterungsschäden zu schützen, teils auch bei der Zerstörung oder dem Abriss des Hauses, zu dem sie einst gehörten. Viele andere sind bis heute im Trierer Stadtbild zu sehen. Die hier gezeigte Auswahl aus diesem Bestand von Hauspatronen umfasst zwei Madonnen aus dem 14. Jahrhundert, den Hl. Antonius und den Trierer Stadtpatron Petrus aus dem 17. Jahrhundert sowie Johannes den Täufer aus dem 18. Jahrhundert.

Die Madonna des Palais Walderdorff

Aus der Mitte des 14. Jahrhunderts stammt die 137 cm hohe Madonnenstatue aus Sandstein, die einst in einer Ecknische des sog. Palais Walderdorff, Ecke Hauptmarkt/Sternstraße, thronte. Das 1775 als Hauptwache errichtete Gebäude wurde nach wechselnden Nutzungen vor einigen Jahren in eine Warenhausfiliale umgewandelt. Am ehemaligen Standort der Skulptur ersetzt heute eine Kopie in farbiger Fassung das aus konservatorischen Gründen in die Obhut des Museums genommene Original.

Die in Trier sehr bekannte gotische Madonna zierte jedoch schon das Vorgängergebäude des Palais Walderdorff, die erzbischöfliche Münze. Erzbischof Balduin von Luxemburg, in engem Kontakt zur böhmischen Hofkunst, wird die Ausschmückung mit der Hauspatronin Maria zugeschrieben. Sein Auftrag ging an ein vom kurtrierischen Hof bevorzugtes Atelier, dessen anonym gebliebener Meister den hohen Qualitätsmaßstab dieser Skulptur auch bei weiteren Madonnen mit gleichartiger Ausgestaltung von Antlitz, Körperhaltung und Faltenwurf eingehalten hat. Ein angedeutetes Lächeln der Gottesmutter und der kleine Vogel in der Hand des pausbäckigen Jesuskinds lassen die Hausmadonna besonders gewinnend erscheinen.

Madonna vom Palais Walderdorff, Hauptmarkt, Sandstein, um 1340/50, Inv. Nr. I.20

Hl. Antonius von Padua vom Roten Haus, Ecke Hauptmarkt/Dietrichstraße, »Meister der Maximiner Madonna«, Kalkstein, um 1684, Inv. Nr. I.35

Adelheid von Besselich als Stifterin auf einem Pfeiler in der Liebfrauenkirche

Adelheid von Besselich (um 1440–um 1525)

Adelheid von Besselich war die Tochter des angesehenen Trierer Stadtschreibers Peter von Besselich. Sie dürfte um 1440 geboren sein und heiratete um 1460 den Metzgermeister Clas von Zerf, einen ebenso wohlhabenden wie streitsüchtigen Patrizier. Als er sein Geld verspielte, erwirkte seine eigene Familie 1464 eine Maßregelung durch das Stadtgericht, jedoch hielt er sich nicht an die dabei zugesagten Versprechungen. Ständige Übergriffe und Gewalttätigkeiten, Meineide, Eidbrüche sowie permanente Rechtsstreitigkeiten prägten das Leben dieses Abenteurers. Clas kam durch Geldgeschäfte mit Erzbischof Jakob von Sierck und eine reiche Erbschaft zu Vermögen; das Ehepaar war eines der reichsten der Stadt, weshalb der Metzgermeister trotz seines Vorlebens 1476 Schöffe und 1483 einer der beiden Bürgermeister werden konnte. Noch im selben Jahr aber überwarf er sich mit dem Stadtrat, wurde aus diesem entlassen und gefangengesetzt. Nun versuchte Adelheid, die Zünfte gegen den Rat aufzuwiegeln. Schließlich sollte ihr Ehemann Abbitte leisten und eine hohe Geldstrafe zahlen. Die beiden setzten sich jedoch nach Metz ab und erwarben dort das Bürgerrecht. Der Aufforderung durch den Trierer Rat, sich in Trier zu verantworten, kam Clas nicht nach. Daraufhin wurde sein Vermögen durch Erzbischof und Stadtrat konfisziert. Hiergegen klagte er vor dem kaiserlichen Gericht und sogar beim Papst. Noch während des Verfahrens starb er 1493.

Adelheid söhnte sich nun mit dem Rat aus, man erstattete ihr die Güter zurück, und sie kehrte heim nach Trier. Die letzten Jahrzehnte ihres Lebens tat sie sich als bedeutende Stifterin hervor. So ließ sie aus eigenen Mitteln den Turm von St. Gangolf am Hauptmarkt vollenden. Ab 1507 war dieser nun einige Meter höher als die nahe gelegene Domkirche. Ebenfalls am Hauptmarkt stiftete sie 1498 den gotischen Marktbrunnen, der rund 100 Jahre später durch den Renaissancebrunnen Hans Ruprecht Hoffmanns ersetzt wurde. Aus etwa derselben Zeit stammt eine Kreuzigungsgruppe im Martinskloster (deren Kopie sich heute außen am Kloster befindet, wogegen man das Original in die Pauluskirche gebracht hat). Auch die Apostelbilder auf den zwölf Säulen der Liebfrauenkirche gehen auf Adelheid von Besselich zurück; auf dem Judasbild sind sie und ihr Mann mit ihren Familienwappen als Stifter dargestellt. St. Gervasius verdankt ihr die Wölbung der Klosterkirche, St. Simeon ein Geländer für die Freitreppe in die Doppelkirche. Die 1514 erbaute Kapelle des Trierer Rates, mit dem ihr Mann jahrzehntelang im Streit gelegen hatte, wurde ebenso mit Stiftungen bedacht wie die Domkirche, für die sie kostbares liturgisches Gerät und einen silbernen Reliquienschrein für den Hl. Rock stiftete. Adelheid tätigte noch zahlreiche weitere religiöse und karitative Stiftungen, bevor sie wohl um 1525 hoch betagt starb.

Bevölkerungsentwicklung seit dem Mittelalter

Seit dem 5. Jahrhundert drangen die Franken in die Mosellande ein und zerstörten das römische Trier. Während jedoch ringsum bald auch die romanische Sprache verschwand, hielt sich diese im Moseltal wohl bis ins 11. Jahrhundert.

Einigermaßen gesicherte Aussagen über die Bevölkerungszahl lassen sich seit dem 14. Jahrhundert treffen:

um 1300	über 10.000
1364/65	ca. 10.000
um 1500	knapp 10.000
1570	ca. 5.500
1624	ca. 5.500
1653	ca. 3.300
1695	ca. 2.800
1719	ca. 4.200
1733	ca. 6.000
1784	ca. 6.700
1802	8.829 *(erste Volkszählung unter Napoleon)*
1850	16.373
1881	20.907
Eingemeindung 1888: Maar, St. Paulin, Zurlauben, St. Barbara, Löwenbrücken	
1889	29.726
1900	37.028
Eingemeindung 1912: Heiligkreuz, St. Matthias-Medard, Feyen, Pallien	
1913	50.845
1930	59.092
Eingemeindung 1930: Olewig, Biewer, Euren, Kürenz	
1938	80.329
1945	ca. 2.000
1950	73.200
Eingemeindung 1969: Zewen-Oberkirch, Tarforst, Filsch, Irsch, Kernscheid, Pfalzel, Ehrang, Ruwer, Eitelsbach	
1970	103.800
1986	93.472
2007	ca. 100.000

In der Spätantike war Trier wohl die nach Rom größte Stadt Westeuropas. Um 1000 zählte es noch mit Köln, Mainz, Metz und Regensburg zu den fünf größten Städten des Reiches. 500 Jahre später, an der Schwelle zur Neuzeit, lag es etwa auf Rang 40. Um 2000 war es eine der kleinsten der über 80 deutschen Großstädte.

TRIER IN DER FRÜHEN NEUZEIT (1500–1800)

Reitergefecht, Öl auf Holz, um 1630, Inv. Nr. III.940

Porträt des Erzbischofs Jakob III. von Eltz (1567–1581), Ölgemälde, 16. Jahrhundert, Inv. Nr. III.351

Das Ende des Traums von der Reichsstadt

Der Niedergang Triers zeichnete sich seit dem späteren Mittelalter ab und beschleunigte sich nach dem gescheiterten Reformationsversuch von 1559 durch den Fortzug der Tuchmacher mit ihrem Kapital und Know-how. 1580 unterlag die Stadt nach jahrhundertelangem Kampf endgültig mit ihrem Bestreben, die Herrschaft des Erzbischofs abzuschütteln und Freie Reichsstadt zu werden. Die im selben Jahr durch Erzbischof Jakob III. von Eltz der Stadt verliehene Verfassung (»Eltziana«) sollte mehr als 200 Jahre bis zum Ende des Alten Reiches Bestand haben.

Hexenprozesse, Seuchen, nicht enden wollende Kriege und einander abwechselnde Besatzungen, die die Stadt mehrfach be- und entfestigten, schufen ein Klima der Bedrückung. Die Hexenprozesse richteten sich in Trier insbesondere auch gegen die städtischen Führungsgruppen, mit deren Regime man unzufrieden war. Unter anderem wurde der ehemalige Bürgermeister Heinrich Flade eines ihrer Opfer.

Ende des 17. Jahrhunderts war der Tiefpunkt erreicht – Trier zählte nur noch rund 2.800 Bürger.

Waffenstillleben mit Soldatenlager im Hintergrund, Willem de Poorter, Öl auf Holz, 1636, Inv. Nr. III.40

Christus als Schmerzensmann, mosselländisch, Holz farbig gefasst, um 1520, Inv. Nr. I.57

Christus an der Martersäule, mosselländisch, Lindenholz gefasst, 16. Jahrhundert, Inv. Nr. I.99

Trierer Gerichtsbild von 1589, Kopie nach älterem Vorbild für das Gerichtshaus in der Grabenstraße (im Auftrag des Erzbischofs Johann von Schönenberg), dreiteiliges Ölgemälde, 1589, Inv. Nr. III.262

Das Trierer Gerichtsbild von 1589

Seit dem 15. Jahrhundert war es im deutschen Rechtsgebiet weit verbreitete Sitte, in den Gerichtssälen sog. Gerechtigkeits- oder Gerichtsbilder aufzuhängen, meist in Verbindung mit der Darstellung des Jüngsten Gerichts. Sie sollten die Richter zu einer gerechten Amtsführung aufrufen, so wie es durch Christus für den Jüngsten Tag verheißen ist.

Auch das dreiteilige, in Form eines Frieses gestaltete Trierer Gerichtsbild vereint die Darstellung irdischer und himmlischer Gerechtigkeit. Die Stadt Trier hatte mit ihrer Niederlage im mehrfach angesprochenen Prozess um Reichsunmittelbarkeit im Jahre 1580 wichtige Gerichtskompetenzen verloren; die gesamte Blut- und Kriminalgerichtsbarkeit lag seitdem allein beim kurfürstlichen Hochgericht mit seinen 14 Schöffen unter dem Vorsitz des kurfürstlichen Schultheißen.

Das Mittelbild zeigt ausschnitthaft dieses Hochgericht: Der Schultheiß mit kurfürstlichem Wappen am Revers seines weißen Talars, mit rotem Barett und zepterartigem Richterstab sitzt erhöht auf dem Richterstuhl. Die beisitzenden Schöffen sind nicht abgebildet. Das kurfürstliche Wappen kehrt auf dem gelben Gewand des Mannes links neben dem Richterstuhl wieder. Es kennzeichnet ihn als Amtsträger, allerdings niedrigerer Stufe, da ihm das Barett vorenthalten ist. Schwert und Stab weisen ihn als Scharfrichter aus. Die Deutung der gegenüberstehenden Person mit gelbem Barett und rotem Talar ohne kurfürstliches Wappen ist umstritten; es könnte sich um einen Rechtsgelehrten handeln, dessen Heranziehung die »Carolina«, die damals seit etwa 50 Jahren geltende Peinliche Gerichtsordnung Kaiser Karl V., bei schwierigen Rechtsfragen empfahl. Die leer gebliebenen Spruchbänder über den Köpfen geben leider insoweit keinen Aufschluss.

Die Mahnung an das Jüngste Gericht findet sich auf der linkerhand folgenden Tafel. Hier thront Christus als Weltenrichter auf einem Regenbogen, flankiert von Maria und Johannes dem Täufer als Fürsprecher für die zu Richtenden. Unter ihnen, auf der Erde, streiten sich noch der Teufel und der Schutzengel um die Seele eines jungen Mannes. Auch die Tafel rechts der Gerichtsszene mahnt einen weisen Richterspruch an, verkörpert in der Gestalt der Justitia mit Waage und Fackel in den erhobenen Händen.

Nach beiden Seiten dieser Mittelgruppe schließen sich das Wappen des Auftraggebers des Gerichtsbildes und ein Text zu seiner Entstehungsgeschichte an: Erzbischof und Kurfürst Johann von Schönenberg ließ es nach älterem Vorbild kopieren und 1589 im neuen Gerichtshaus in der Grabenstraße anbringen. Das geschah vor brisantem Hintergrund. Denn die von Prozessschulden, Missernten und Teuerung gebeutelte Stadt Trier steuerte auf den Höhepunkt der Hexenverfolgung in den Jahren 1589–95 zu. Prominentenprozesse, wie der gegen den Stadtschultheißen Dietrich Flade, selbst strenger Hexenrichter und einer der reichsten Bürger der Stadt, der wenige Monate zuvor als Zauberer und Hexer hingerichtet worden war, sorgten reichsweit für Aufsehen. Im Sog dieses Verfahrens wurden Trierer Schöffen und ehemalige Bürgermeister genauso erbarmungslos als Hexen verfolgt wie einfache Stadtbewohner. Eine Hexenhysterie großen Ausmaßes hatte Arm und Reich fest im Griff, auch der Erzbischof selbst fürchtete zauberische Nachstellungen.

So demonstriert das Gerichtsbild die Entschlossenheit, nicht nur gemeine Verbrecher, sondern vor allem das vermeintliche Hexenunwesen mit Gottes Hilfe in gerechten Prozessen zu vernichten, und zwar im gesamten Bezirk des kurfürstlichen Hochgerichts. Hierzu folgt auf den langschmalen Seitentafeln die Darstellung von insgesamt 17 Stadtteilen, geistlichen Institutionen oder umgebenden Ortschaften mit ihren charakteristischen Gebäudegruppen: Euren, Maar, Kürenz, St. Maximin, St. Medard, St. Marien, St. Matthias, Pallien, Trierweiler, Fusenig, Heiligkreuz, Oberkirch, Konz, Kerich (Niederkirch), Olewig, Zewen und Stift St. Paulin. Durch die Einbeziehung der Abteien St. Marien, St. Maximin und St. Matthias und des Stiftes St. Paulin in die Abfolge des Gerichtsbildes sollte auch deren eigene Gerichtsbarkeit geleugnet, zumindest aber zurückgedrängt werden.

Schandmasken

Die beiden Schandmasken dienten einst, wie die ausgestellten Hand- und Fußfesseln, zum Vollzug der Prangerstrafen.

Straftaten werden heute mit Geldstrafe oder mit Freiheitsentzug, d.h. mit Einsperren geahndet. In früheren Zeiten waren die Strafen vielfältiger und härter. Vergeltung und Abschreckung standen im Vordergrund, die heutigen Bemühungen um eine Wiedereingliederung des Straftäters in die Gesellschaft waren unbekannt. Für schwere Vergehen gab es außer der Kerkerhaft vor allem die Todesstrafe, die mit meist grausamen Hinrichtungen öffentlich vollzogen wurde. Für geringe Delikte verhängte man die Prangerstrafe, z.B. für kleine Diebstähle, Beleidigungen, Verunreinigung von Brunnen oder Landstreicherei.

Schandmaske vom ehemaligen Pranger nahe dem Hauptmarkt, Eisen, 17. Jahrhundert, Inv. Nr. X.791b

In Trier, wie in vielen anderen Städten, bestand der Pranger aus einem Schandpfahl, an den die Übeltäter mit Hand- und Fußfesseln angekettet wurden. Neben dem Pranger brachte man eine Tafel an, auf welcher der Name des Verurteilten, seine Straftat und das Urteil vermerkt waren.

Zusätzlich wurden dem Verurteilten häufig schimpfliche Gegenstände umgehängt oder aufgesetzt, wie zum Beispiel eine der hier ausgestellten eisernen Schandmasken. Sie erhöhten die »Schande«, also den Verlust der Ehre, und bezogen sich oft in ihrer Ausgestaltung auf die begangenen Straftaten. So gab es Schandmasken mit Schweinsköpfen für Männer, die sich »wie ein Schwein benommen hatten«, oder Schandmasken mit Schellen und lang heraushängender Zunge für Frauen, die sich der Beleidigung oder der üblen Nachrede schuldig gemacht hatten.

Die Prangerstrafe wurde gern an Markt- oder Sonntagen vollzogen, wenn die Straßen besonders belebt waren. Meist dauerte sie einige Stunden, während derer die Gefesselten allen Anpöbeleien schutzlos ausgesetzt waren. Es waren meist arme Leute, die am Pranger stehen mussten, da man diese Strafe durch Zahlung einer Geldbuße abwenden konnte. Adelige und Standespersonen durften ohnehin nicht zur Prangerstrafe verurteilt werden.

Über 600–700 Jahre hinweg bis zur Mitte des 19. Jahrhunderts war der Pranger eine gängige Strafe. In den Schulen gab es das davon abgeleitete »In-der-Ecke-Stehen« oder das »Tragen der Eselskappe« noch wesentlich länger, genauso wie die Züchtigung der Schüler, d.h. das Schlagen mit Ruten, Stöcken oder mit der Hand.

Eine Rekonstruktion des Trierer Prangers steht heute auf der südöstlichen Spitze des Hauptmarkts (Grabenstraße).

Kurfürsten des Barock

Trier war im Grunde bis ins 19. Jahrhundert mittelalterlich geprägt. Baufreudige Kurfürsten wie Franz Georg von Schönborn (1729–56) und Johann Philipp von Walderdorff (1756–68) verliehen der Stadt im 18. Jahrhundert jedoch ein barockes Kleid. Es entstanden der Südflügel des Kurfürstlichen Palais, die Kirche St. Paulin, der Georgsbrunnen auf dem Kornmarkt und zahlreiche Adelspalais wie das Palais Walderdorff und das Palais Kesselstatt, beide am Domfreihof gelegen. Baumeister und Bildhauer wie Balthasar Neumann, Johannes Seiz und Ferdinand Tietz wurden aus Mainfranken an die Mosel geholt. Die Originale der Tietz-Figuren aus dem Palastgarten sind im Stadtmuseum Simeonstift – insbesondere auf dem Kreuzgang – zu sehen.

Obwohl Koblenz weiterhin Hauptresidenz der Kurfürsten war, erholte sich Trier nach dem Tiefpunkt Ende des 17. Jahrhunderts allmählich. Davon profitierten jedoch nahezu ausschließlich der hohe Klerus und die Oberschicht, während sich die Lebensbedingungen der Masse der Bevölkerung kaum verbesserten.

»Prospett des Neu zu machenten Georgi Pronen in der statt Trier auff dem neuen Marck« (Originalentwurf für den Georgsbrunnen auf dem Kornmarkt), Johannes Seiz, aquarellierte Federzeichnung, 1749, Inv. Nr. IV.389

Der Georgsbrunnen auf dem Kornmarkt

Porträt des Kurfürsten Franz Georg von Schönborn (1729–1756), Ölgemälde, 18. Jahrhundert, Inv. Nr. III.314

Der Teufel und die Stände, Ölgemälde, um 1750, Inv. Nr. III.602

Jagdstilleben,
Johann Zauffaly (Zoffany),
Ölgemälde, 1760,
Inv. Nr. III.34

Innenansicht der Kirche St. Paulin,
Bernhard Gauer, Ölgemälde,
1911, Inv. Nr.III.1490

Links:
Porträt des Trierer Weihbischofs Johann Nikolaus von Hontheim (1701–1790), Heinrich Foelix, Ölgemälde, um 1760, Inv. Nr. III.615

Unten:
Porträt des Kurfürsten Johann Philipp von Walderdorff (1756–1768), Ölgemälde, um 1760, Inv. Nr. III.316

Das Tugendbild »Caritas Romana« des Trierer Malers Johann Peter Weber

Das monumentale Gemälde »Caritas Romana« zeigt eine Szene aus der griechisch-römischen Mythologie: Man blickt in einen Kerkerraum, in dem ein gefangener alter Mann an der Brust einer jungen Frau gesäugt wird. Ein kleines Kind kauert vor ihr und versucht, sich an ihrem Ärmel hochzuziehen, während es die beiden beobachtet. Dargestellt sind Cimon, der dazu verurteilt wurde, den Hungertod zu sterben, und seine Tochter Pero, die ihn während ihrer täglichen Besuche mit Muttermilch ernährte und so am Leben erhielt.

Im 14. Jahrhundert nahm der italienische Schriftsteller Giovanni Boccaccio die Schilderung auf und integrierte sie in seine Sammlung von Lebensgeschichten berühmter Frauen. Boccaccio nannte Pero »die barmherzige Tochter Romana« und prägte damit den Namen des Bildmotivs und so ging es als »Caritas Romana« in die Kunstgeschichte ein. Vor allem zur Zeit des Barock war dieses Motiv ungemein beliebt. Zahlreiche Künstler, darunter Rubens, Caravaggio oder Poussin, haben es in ihren Werken immer wieder thematisiert.

In dieser eindringlichen Schilderung Johann Peter Webers liegt Cimon, die Hände auf dem Rücken gefesselt, auf einer dünnen Lage Stroh auf dem ansonsten nackten Steinboden. Nur um die Hüften mit einem Tuch umschlungen wird der Blick des Betrachters auf seinen unerwartet

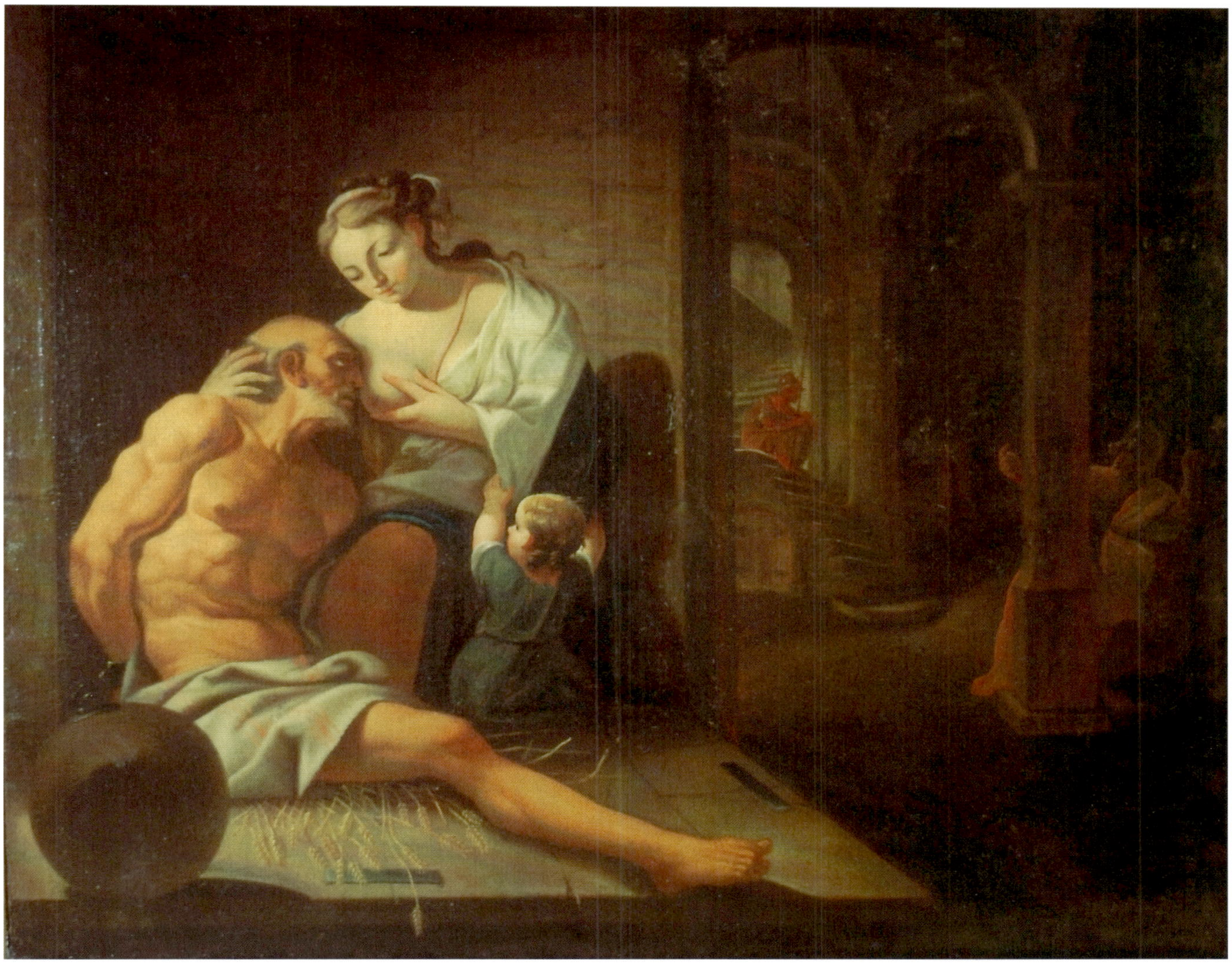

Caritas Romana, Auftragsarbeit der Trierer Ratsherren für das Rathaus der Stadt am Kornmarkt, Johann Peter Weber, Ölgemälde, 1769, Inv. Nr. III.255

muskulösen – fast heldenhaft anmutenden – Körper freigegeben, den Pero liebevoll im Arm hält. Die Hauptszene ist in die linke Bildhälfte gerückt, während die rechte sich in die Tiefe in einen großen dunklen Raum mit gotischem Gewölbe öffnet. Einer der Wächter sitzt auf der steilen Treppe, die im Hintergrund nach oben führt, ein weiterer beobachtet hinter einem Pfeiler versteckt die junge Frau und ihren Vater. Ohne die Augen von dem merkwürdigen Paar zu lösen, winkt er den anderen Wächter heran. Peros barmherziges Tun wird entdeckt, aber der Legende nach veranlasste diese aufopfernde Kindesliebe den römischen Praetor, das Todesurteil gegen Cimon aufzuheben und ihn zu begnadigen.

Die Trierer Stadträte beauftragten 1769 den Trierer Künstler Johann Peter Weber mit diesem imposanten Gemälde für das Rathaus am Kornmarkt. Die moralische Haltung der Tochter wurde dabei interpretiert als Vorbild bürgerlicher Tugend und kommunalen Gemeinsinns. Aber das war nicht der alleinige Hintergrund für diesen Auftrag: Der damalige Kurfürst Clemens Wenzeslaus spielte mit dem Gedanken, die althergebrachte Zunftordnung aufzulösen. Die Zunftmeister sahen durch diese Pläne ihre Machtposition im Stadtrat und ihre wirtschaftliche Stellung gefährdet und hielten es offensichtlich für angebracht, auf die antike Vergangenheit und das kulturelle Erbe der Stadt hinzuweisen. So fehlt denn auch das Wappen des Kurfürsten auf dem Rahmen des Gemäldes, auf dem ansonsten sämtliche Wappen der damaligen Ratsherren abgebildet sind, wie diese es schon bei ihren früheren Auftragsarbeiten veranlasst hatten: der »Trebeta-Legende« von Claudius Markar oder den Allegorien von Louis Counet, der übrigens zu den wichtigsten Vorbildern Webers gehörte.

Der Aktenschrank der Trierer Ratsherren – ein barockes Verwaltungsmöbel

Eine ähnlich monumentale Wirkung wie sie von den häufiger anzutreffenden mächtigen Ratstischen ausgeht, übt der hier gezeigte Aktenschrank aus. Er ist um 1740 entstanden und gehörte zur historischen Ausstattung des Sitzungssaals des Trierer Rathauses am Kornmarkt, genau wie die drei großflächigen Gemälde der Trebeta-Sage und der sog. Rathaus-Allegorien, die im Trebeta-Saal ausgestellt sind. Obgleich die zeitgenössischen Inventarverzeichnisse des Rathauses keine Angaben zur Möbelausstattung enthalten, verweisen sie zudem auf Ratssilber, Zinnobjekte und Tapisserien, was eine gewisse Vorstellung des ursprünglichen Ambientes ermöglicht, in dem der Schrank einmal stand.

Trierer Aktenschrank, Teil der historischen Ausstattung des Ratsherrenzimmers im Rathaus am Kornmarkt, Eiche, um 1740, Inv. Nr. VI.199

Die außerordentlichen Dimensionen sind sowohl funktional als auch symbolisch von besonderer Bedeutung: Einerseits wird der Schrank seiner Verwendung als Aufbewahrungsort für umfangreiche und wertvolle Aktenmaterialien gerecht – andererseits kommt dieses eigentlich »profane« Schreibmöbel aufgrund seiner besonderen Größe und Verarbeitung auch Repräsentationsbedürfnissen entgegen. Es ist davon auszugehen, dass es sich bei dem Stück um eine Auftragsarbeit einer ortsansässigen Werkstatt handelt. Der bürgerlich-barocke Aktenschrank bildet aufgrund seines gediegen-seriösen Erscheinungsbildes einen interessanten Gegenpol zur höfisch-prachtvollen Möbelkunst der Region Trier.

Der mehrteilige, dreigeschossige, fast vier Meter hohe Schrank, stellt im Grunde die riesenhafte Vergrößerung eines konventionellen geraden Schreibschranks dar:

Auf einem zweitürigen Sockelteil mit gedrückten Kugelfüßen befindet sich ein Aufsatz mit herunterklappbarer Schreibplatte, über der sich zwei längliche Flügeltüren öffnen lassen. Das schmucklose und schlichte Innere des Schranks ist durch Regalböden gegliedert und bietet damit viel Raum zur Unterbringung von Büchern, Akten und sonstigen Verwaltungsutensilien. Das Möbelstück weist oben einen geschweiften profilierten Giebel mit einer Bekrönung auf, die sich durch kräftig geschnitzte Ornamente auszeichnet. Rocaillen, Voluten, Muschelformen, Schuppen, Gittermuster mit Blüten sowie Akanthusblätter werden hierbei in einer bewegten Silhouette zusammenfasst.

Die zurückhaltend gestaltete Fassade des überwiegend aus massiver Eiche gefertigten Schranks wird in erster Linie durch Rahmen-, Sockel- und Abschlussprofile sowie durch mehrpassige Feldeinteilungen bestimmt. Der Möbelkörper ist ansonsten durch die erdig-dunkle Farbe des Eichenholzes charakterisiert und nicht weiter dekoriert – diesem Prinzip folgen auch die eher unauffälligen Beschläge. Die spezifischen Merkmale des Möbels wie die Verwendung von Eichenholz, die systematische Einteilung der Fassade in Felder mit stark profilierter Rahmung sowie der eher zurückhaltende, punktuelle Einsatz von Schnitzdekoren weisen den Verwaltungsschrank als eine Trierer Arbeit aus.

Das Kuriositätenkabinett

Die Anfänge der Kuriositätenkabinette, auch Kunst- oder Wunderkammern genannt, liegen in der Zeit der großen Entdeckungsfahrten des 15. und 16. Jahrhunderts. Was mit den Schiffsladungen an seltsamen, nie gesehenen Gegenständen nach Europa kam, das kauften und sammelten Fürsten und reiche Bürger und stellten es für ihresgleichen oder prominente Reisende in ihren Privatgemächern aus. So wurden die Wunderkammern zu Vorläufern der heutigen Naturkunde- und Kunstmuseen. Denn die Sammelleidenschaft erstreckte sich nicht nur auf exotische Trophäen und einheimische »Naturalien« von der Kokosnuss über den ausgestopften Alligator bis zur Missgeburt eines Kalbes mit zwei Köpfen. Zu solchen »Werken der Natur« gesellten sich die von Menschen geschaffenen Objekte, vor allem der Kunst und des Kunsthandwerks aller Zeiten und Orte, bevorzugt Gold- und Silberschmiedearbeiten, Automaten und aufwändige astronomische Geräte. Der universale Zusammenhang aller Dinge, die Einheit von Geschichte, Kunst, Natur und Wissenschaft sollte dargestellt werden; die Kuriositäten, die neugierig machenden Einzelstücke, waren nur der Aufhänger für diese weltanschauliche Überzeugung.

Limoger Reliquienkästchen, Ende 12. Jahrhundert, Inv. Nr. X.959

Die Vorstellung eines Universums im Kleinen verdichtete sich noch weiter bis hin zu einzelnen Kunstschränken, die nun mit sorgfältig ausgesuchten Einzelobjekten jeweils die ganze Gattung abdecken sollten. Es entstand die Form des kostbar verzierten Kabinettschrankes, zugleich Ausdruck der Gedankenfalle, in seinen vielen Schubladen die Welt lückenlos erfassen und ordnen zu können.

Im Laufe des 18. und 19. Jahrhunderts vom Stolz der Fürsten und Großbürger zum verächtlich weggeräumten »Sammelsurium« herabgesunken, genießt das Kuriositätenkabinett heute wieder wohlwollendes Interesse bis hin zur Rekonstruktion einzelner Kammern. Und wenn die museale Ausstellungspraxis der Gegenwart zunehmend auf das sinnliche Erlebnis und auf Sensationen

setzt, dann zeigt sie damit eine auffällige Nähe zum alten Prinzip des Staunens und Wunderns als Publikumsfänger.

So unternimmt es auch die stadtgeschichtliche Ausstellung, die Anmutung einer Wunderkammer mit ausgesuchten »Kuriositäten« aus dem Museumsbestand zu geben, u. a. mit einer großen Auswahl kunstvoller Elfenbeinschnitzereien von der Pietà über »Troger-Figuren« bis zum Deckelpokal, mit Modellen wie einem Kabinettschränkchen, einer Gemmentafel oder einer Bergwerkspyramide, mit Uhren, Keramik sowie mit kostbaren Gemälden und Miniaturen.

Maria Magdalena, Antwerpener Manierist, Öl auf Holz, Anfang 16. Jahrhundert, Inv. Nr. III.16

Miniatursänfte mit Trägern, Keramik, Email, Messing, 2. Hälfte 18. Jahrhundert, Inv. Nr. VIII.603

Kruzifixuhr; »Conrad Schäffer«, Messing und Bergkristall, Ende 17. Jahrhundert, Inv. Nr. X.150

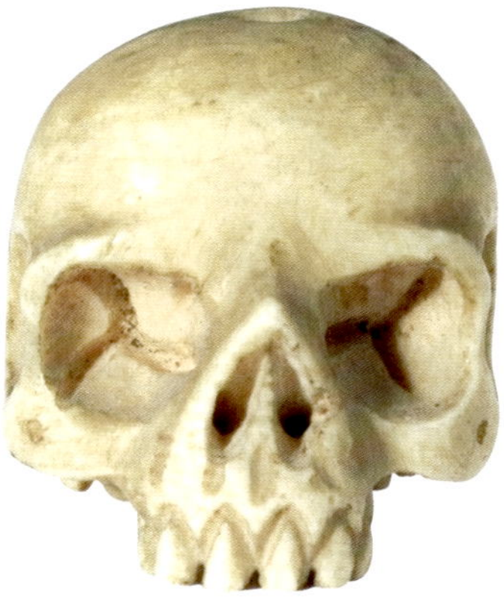

Nachbildung eines Totenschädels, Elfenbein, 17. Jahrhundert, Inv. Nr. I.270

Dose mit Deckelrelief: Szene der Commedia dell'arte, Elfenbein, Silber, 17. Jahrhundert, Inv. Nr. X.604

Daktyliothek, Holz, Gemmen, Elfenbein, 17. Jahrhundert, Inv. Nr. X.958

Miniaturaufsatzschrank (Kabinettschränkchen), süddeutsch, um 1600, Inv. Nr. VI.167

Modell eines Bergwerkes in Pyramidenform, Holz, Metall, Stein, mit Figuren aus Elfenbein, 18. Jahrhundert, Inv. Nr. X.969

NEUZEIT IN TRIER (1800–1945)

Das Stadtmodell »Trier um 1800«

Das ab 1954 in 19 Jahren Arbeit von Albert Kiefer gefertigte Stadtmodell zeigt Trier um 1800. Zu jener Zeit stand die Stadt unter französischer Herrschaft, jedoch waren die Klöster und Stifte noch nicht aufgehoben und als Nationalgüter verkauft; dies geschah erst 1802/03.

So spiegelt das Modell – abgesehen von einigen Barockanlagen wie dem Südflügel des Kurfürstlichen Palais oder dem Kornmarkt – im wesentlichen noch den Zustand des hohen und späten Mittelalters wider. Die zentrale Achse der Stadt bildet das Ypsilon von der Porta Nigra zum Hauptmarkt und von dort über Fleisch- und Brückenstraße zur Römerbrücke oder über Brot- und Neustraße zum Neutor. Wie bei vielen Städten bestanden große Teile des ummauerten Areals aus Gärten, hier vor allem im Westen am Moselufer. Die dominanten Gebäude sind die Domgruppe mit dem Petersdom und der Liebfrauenkirche, das Kurfürstliche Palais mit der Basilika und die 21 innerstädtischen Klöster, Kommenden und Stifte.

Als Anachronismen im Stadtmodell erweisen sich das Kasino am Kornmarkt und das Landarmenhaus in der Brückenstraße, die erst in preußischer Zeit errichtet wurden.

Das Stadtmodell, »Trier um 1800«, Maßstab 1: 333, Albert Kiefer, Holz, 1954 bis 1973

Blick auf Trier von Südwesten, Jacob Diezler, Ölgemälde, 1827, Inv. Nr. III. 215

Trier unter der Trikolore

1794 nahmen die französischen Revolutionstruppen die kulturell wie wirtschaftlich daniederliegende Stadt ein. 1797 (bzw. offiziell 1801) wurde Trier wie die gesamten linksrheinischen Gebiete der Französischen Republik angegliedert.

Die marode Universität wurde 1798 geschlossen, das Erzbistum 1801 aufgehoben. Ab 1798 war Trier Hauptstadt des Département de la Sarre, es herrschte Gewerbefreiheit, die ersten Primarschulen wurden gegründet, die Klöster und Stifte 1802/03 aufgehoben und verkauft.

1804 besuchte Kaiser Napoleon die Stadt Trier. Wie in ganz Frankreich führte er den Code civil als neues Gesetzbuch ein, das allen männlichen Bürgern persönliche Freiheit und Gleichheit vor dem Gesetz gewährte und in den Rheinlanden bis 1900 in Kraft blieb. Trier verdankt ihm den Rückbau der Porta Nigra in ihren ursprünglichen Zustand, die Zusammenlegung der teils maroden Hospitäler zu den Vereinigten Hospitien, die Gründung des Landarmenhauses und den Bau der Napoleonbrücke als schnellen Aufstieg zur alten Römerstraße nach Köln. Zudem ließ er die erste Volkszählung durchführen.

Unter der Trikolore erfuhr die Stadt somit Neuerungen, die das gesamte 19. Jahrhundert entscheidend prägen sollten und zum Teil bis heute nachwirken.

Der Franzosenzeit in Trier von 1794 bis 1814, den Ereignissen wie auch den Folgen, widmete das Stadtmuseum Simeonstift Trier im Jahre 2004 eine umfangreiche, von den QuattroPole-Städten Metz, Luxemburg, Saarbrücken und Trier geförderte Ausstellung, zu der ein zweibändiger und überwiegend zweisprachiger Katalog erschien, der im Museums-Shop noch erhältlich ist.

Napoleon zu Pferd, Simon Meister, Ölgemälde, 1832, Inv. Nr. III.260

Napoléon Bonaparte, seriell gefertigte Büste nach dem Modell von Antoine-Denis Chaudet, Carrara-Marmor, nach 1807, Inv. Nr. I.132

Der »Napoleonbecher«

Der sog. Napoleonbecher repräsentiert die 20 Jahre Franzosenzeit in Trier, von der Eroberung der Stadt durch die Revolutionstruppen 1794 bis zu ihrem Wechsel unter die Herrschaft Preußens 1814. Mitten in diese Umbruchszeit, in das Jahr 1804, fiel der umjubelte Besuch Napoleons, der nun auch der Kaiser der Trierer war. Als ihm zum Willkomm dieser Deckelbecher gereicht wurde, lobte er programmgemäß den Moselwein, wie er sich auch im übrigen sehr huldvoll zeigte. Der private Eigentümer des Bechers, von dem sich die Stadt das kostbare Stück zur Kaiserbegrüßung ausgeliehen hatte, ließ zur Erinnerung an das denkwürdige Ereignis Inschriften am Becherrand und -deckel gravieren. Sie wiesen die Spur nach Trier, als das Gefäß im Jahre 2001 in New York versteigert und schließlich vom Stadtmuseum Simeonstift erworben wurde.

Ausweislich der Meistermarke hat der Augsburger Goldschmied Johann Beckert III. den feuervergoldeten Silberbecher um 1683/85 geschaffen. Als Verzierung trägt die Wandung zwischen Fruchtgehängen drei ovale Medaillons. Sie zeigen in Treibarbeit, durch Umschriften benannt, die Porträts der römischen Kaiser Otho, Vespasian und Domitian. Damit steht das Gefäß in einer langen Reihe von »Kaiserbechern«, die ab der Mitte des 17. Jahrhunderts in Deutschland für eine reiche Klientel hergestellt wurden. Ihre Beliebtheit verdankten sie vielleicht auch dem Umstand, dass der Wein damals gerne mit Gewürzen versetzt und warm getrunken wurde; der Deckel hielt die Wärme und das Aroma.

»Napoleonbecher«, Ehrenweinbecher der Stadt Trier, Johann Beckert III., Augsburg, Silber vergoldet, um 1683/85, Inv. Nr. X.990

Porträt des Trierer Bürgermeisters Anton Joseph Recking, Johann Anton Ramboux, Ölgemälde, 1814, Inv. Nr. III.189

Anton Joseph Recking, Maire de Trèves (1744–1817)

Die während der 2. Hälfte des 17. Jahrhunderts aus Luxemburg zugewanderten Reckings kamen als Flößereibetreiber zu Wohlstand und gehörten bald zu den führenden Trierer Familien. Vater und Großvater Antons waren Ratsherren und Amtsmeister. Anton wurde 1744 in Trier geboren, er heiratete Maria Magdalena Doell aus Cochem, deren Familie ebenfalls durch die Flößerei reich geworden war. Als zweites Standbein baute Anton einen blühenden Tuchhandel auf.

Bereits mit 26 Jahren wurde er Schlosseramtsmeister und Mitglied des Stadtrates. Wie viele bewährte Kräfte konnte auch er nach dem Einmarsch der französischen Revolutionstruppen seine politische Karriere fortsetzen. 1800 wurde er Maire de Trèves (Bürgermeister), ein Amt, das 1794–96 der mit ihm verschwägerte Karl Gottbill bekleidet hatte. Auch auf Départementsebene nahm er wichtige Aufgaben wahr und wurde 1813 zum Präsidenten des Handelsgerichtes gewählt. Seit 1804 war er Ritter der französischen Ehrenlegion.

Wie die meisten Angehörigen der Trierer Oberschicht profitierte auch Recking von den Nationalgüterverkäufen; so erwarb er etwa die ehemalige Karmeliterkirche in der Fleischstraße und wandelte diese in eine Mietskaserne für fast 100 Menschen um. Auch am kulturellen Leben der Stadt nahm er als Freimaurer und Mitglied der Lesegesellschaften regen Anteil.

Nach dem Abzug der Franzosen übernahmen die Preußen Anton Recking als Oberbürgermeister; er blieb bis zu seinem Tode 1817 im Amt. Seine Familie konnte im 19. Jahrhundert Einfluss und Reichtum noch weiter ausbauen. Seither hat nie wieder ein gebürtiger Trierer das höchste Amt der Stadt bekleidet.

Trier unter den Preußen

1814 marschierten die Preußen in Trier ein; die Stadt wurde Teil der Rheinprovinz. Innerhalb des Königreichs lag Trier extrem peripher – fast 1000 km von der Machtzentrale Berlin entfernt. Impulse für Wirtschaft und Innovation blieben aus, die große Mehrheit der Bevölkerung lebte im Elend. Im Gegensatz zu benachbarten Regionen wie dem Saargebiet und Lothringen, die über reiche Bodenschätze verfügten, fand die Industrielle Revolution hier nicht statt. Die Verkehrsanbindung Triers verbesserte sich nur allmählich durch die Aufnahme der regelmäßigen Dampfschifffahrt auf der Mosel 1841 und die Eröffnung der Bahnlinien nach Luxemburg und Saarbrücken 1860, nach Köln 1871 sowie nach Koblenz 1879.

Für Konfliktpotential sorgte der Zuzug von protestantischen Beamten und Militärs in die bis dahin katholische Stadt. Den Protestanten wurde vorübergehend die Jesuitenkirche übergeben; seit 1856 ist die auf die Antike zurückgehende sog. Konstantinbasilika, die von König Friedrich Wilhelm IV. wiederaufgebaut wurde, ihre Hauptkirche.

Die politisch dominierende Kraft waren insbesondere seit der Jahrhundertmitte die Liberalen.

Überregional bedeutend war bis zu ihrem Verbot 1851 die »Trier'sche Zeitung«, die vor allem während der Revolution 1848 eine große Rolle spielte. Ihr Herausgeber Karl Grün sowie der Trierer Abgeordnete Ludwig Simon zählten zu den führenden Köpfen der Linken. Wegen der revolutionären Unruhen war Trier für den preußischen Oberpräsidenten 1848 »der schlimmste Punkt in der Provinz«. Diese Bezeichnung als Titel aufnehmend, veranstaltete das Stadtmuseum Simeonstift Trier im Jahre 1998 eine umfangreiche Ausstellung zur Demokratischen Revolution 1848/49 in Trier und Umgebung. Das zum Standardwerk gewordene Katalog-Handbuch zur Ausstellung ist im Museums-Shop noch erhältlich.

Porträt des preußischen Königs Friedrich Wilhelm III., Ölgemälde, um 1810, Inv. Nr. III.662

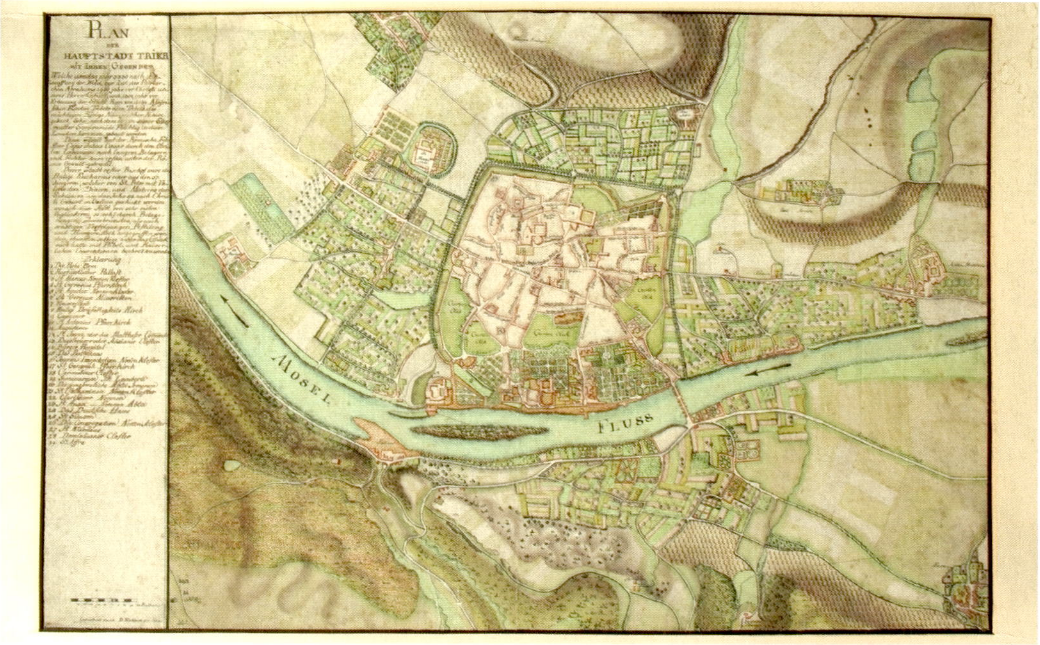

»Plan der Hauptstadt Trier mit ihren Gegenden, D. Fischbach den Sohn«, kolorierte Handzeichnung, um 1800, Inv. Nr. V.510

Gefängnisszene, Johann Velten, Ölgemälde, 1849, Inv. Nr. III.72

Ein gemalter Revolutionskommentar: Die »Gefängnisszene 1848« von Johann Velten

Die Gefängnisszene von Johann Velten gehört zu den seltenen Bilddokumenten der Ereignisse während der Demokratischen Revolution 1848 in der Region.

Im November 1848 fand in Bernkastel ein tumultartiger Aufmarsch revoltierender Winzer, Bauern und Handwerker statt. Aus vielen Moselorten waren bewaffnete Männer zusammengekommen, um die drohende Verhaftung ihres Anführers Peter Joseph Coblenz, des Vorsitzenden des Demokratischen Vereins Bernkastel und entschiedenen Streiters im Kampf gegen Massenarmut und politische Rechtlosigkeit, zu verhindern.

Der Aufstand wurde mit aus Trier anrückenden Truppen niedergeschlagen und eine 800 Mann starke Besatzung in und um Bernkastel etabliert. Es kam zu zahlreichen Verhaftungen; festgenommen wurden auch die 13 auf dem Gemälde dargestellten jungen Männer, unter ihnen der Maler Johann Velten, der sich links im Bild selbst porträtiert hat. Die gegen sie erhobene Anklage lautete auf Teilnahme an bewaffneter Zusammenrottung, Widerstand gegen die Staatsgewalt und weitere Delikte. Von diesen schweren Vorwürfen wurden sie jedoch nach 6-monatiger Untersuchungshaft im Juni 1849 in den Verhandlungen vor dem Assisenhof in Trier freigesprochen und entlassen.

Wenn Johann Velten auf seinem Gemälde die Haftbedingungen im Trierer Gefängnis vordergründig als biedermeierlich-gemütliches Zusammensein darstellt, so handelt es sich um puren Zynismus; zeitgleich kommentierte er sein Bild in einem Artikel in der Wochenbeilage der »Trier'schen Zeitung« und schilderte dort mit beißendem Hohn die »malerische Umgebung in der philanthropischen Anstalt in Trier hinter dem Dom«, in welcher sich heute das Dom- und Diözesanmuseum befindet.

Der preußischen Gefängnisordnung zufolge waren die Gefangenen in Einzelhaft untergebracht, jegliche Genussmittel, insbesondere Tabak, waren strengstens verboten, zudem mussten täglich 12 Stunden Zwangsarbeit geleistet werden. Nur einmal pro Monat durfte ein Häftling ein Buch aus der Gefängnisbibliothek ausleihen; auf dem Gemälde sind einige der Untersuchungshäftlinge sogar in die Lektüre und Diskussion einer April-Ausgabe der oppositionellen und demokratischen »Trier'schen Zeitung« vertieft. Versteckt angebrachte schwarz-rot-goldene Attribute oder die Barttracht können als weitere Zeichen revolutionärer Gesinnung gedeutet werden. Offene Kritik am preußischen Obrigkeitsstaat und seiner Repressionsmaschinerie wäre ohnehin aussichtslos gewesen und hätte zur Unterdrückung des Gemäldes geführt.

Porträt Ludwig Simon, C. Knatz, Lithographie, 1848, Inv. Nr. V. 383

Langpfeife mit schwarz-rot-goldener Fahne und Revolutionsparolen auf dem Pfeifenkopf, Porzellanmalerei wohl von Johann Baptist Walrand, Trier, Porzellan und Holz, um 1848/49, Inv. Nr. X. 890

Porträt Karl Marx,
Emil Dreyer, Ölgemälde, um 1900–1920, Leihgabe der Friedrich-Ebert-Stiftung

Karl Marx (1818–1883)

Karl Marx wurde 1818 als Sohn des Anwaltes Heinrich Marx und seiner Frau Henriette in der Brückenstraße in Trier, wohin seine Eltern wenige Wochen zuvor umgezogen waren, geboren. Die Vorfahren beider Eltern waren bedeutende Rabbiner in der Synagoge an der Weberbach. In diesem Viertel herrschten damals kaum vorstellbare Wohnbedingungen und hygienische Verhältnisse. Seine ersten Eindrücke von sozialen Missständen und Verelendung dürfte der junge Karl bereits hier gewonnen haben.

Die preußische Regierung hatte die von den Franzosen eingeführte Gleichberechtigung der Juden teilweise aufgehoben, verlangte von Heinrich Marx sich taufen zu lassen und drohte ihm andernfalls mit Berufsverbot; auch Karl wurde im Alter von 6 Jahren evangelisch getauft. 1819/20 zog die Familie in die Simeonstraße in unmittelbare Nähe zur Porta Nigra um. Ab 1830 besuchte Karl das Friedrich Wilhelm-Gymnasium, das damals im ehemaligen Jesuitenkolleg untergebracht war. Der Schulleiter Johann Hugo Wyttenbach unterrichtete ihn in Philosophie. Hier lernte er Edgar von Westphalen kennen, der ein langjähriger Freund wurde, und machte 1835 das Abitur.

Karl und Edgar gingen noch im selben Jahr nach Bonn und dann nach Berlin zum Studium der Rechtswissenschaften, jedoch verlegte Karl seinen Interessenschwerpunkt zunehmend auf die Philosophie und wurde 1841 zum Dr. phil. promoviert. Auf eine Professur hoffend, zog es ihn zurück nach Bonn, doch da er zu diesem Zeitpunkt bereits als ein führender Kopf der oppositionellen Linkshegelianer galt, verwehrte die preußische Regierung ihm eine akademische Laufbahn. So wurde er zunächst Mitarbeiter, später Chefredakteur der »Rheinischen Zeitung« in Köln, die einen radikal oppositionellen Standpunkt vertrat.

In mehrfacher Hinsicht brachte das Jahr 1843 eine Wende im Leben des damals 25 Jahre alten Karl Marx: Er heiratete Jenny von Westphalen, die Schwester seines Freundes Edgar; die »Rheinische Zeitung« wurde, nachdem sie mehrfach mit Zensur belegt worden war, endgültig verboten; und das Ehepaar emigrierte nach Paris. Ein Teil seiner Kollegen ging zur »Trier'schen Zeitung«, die bald ein international renommiertes liberales Blatt wurde, von dem sich Karl Marx aber wegen seiner »bürgerlich philanthropischen Tendenzen« distanzierte.

Weitere wichtige Stationen im Leben von Karl Marx waren Brüssel, wiederum Köln und schließlich London, wo er 1883 starb.

Beginnend mit dem »Kommunistischen Manifest« von 1848 bis hin zum »Kapital« von 1867 schuf Karl Marx eine empirische Wirtschafts- und Sozialtheorie und zeigte die grundlegenden Abhängigkeiten und Machtverhältnisse in einer kapitalistischen Gesellschaft auf. Gemeinsam mit seinem Freund und Förderer, dem Fabrikanten Friedrich Engels, gilt er als Begründer des Wissenschaftlichen Sozialismus, eine Bezeichnung, die weitgehend synonym mit Kommunismus und auch Marxismus wurde.

Das Karl-Marx-Haus in der Brückenstraße

1928 erwarb die SPD das Geburtshaus von Karl Marx, jedoch gelang es zunächst nicht, dort eine Erinnerungsstätte einzurichten. 1933 wurde der Gebäudekomplex von den Nationalsozialisten konfisziert, Wohnsitz des Kreisleiters und Herausgabestätte des »Trierer Nationalblattes«. 1947 eröffnete dann die SPD das »Karl-Marx-Haus«, das sich seit 1968 im Besitz der Friedrich-Ebert-Stiftung befindet und jährlich rund 40.000 Touristen anzieht. Lange Zeit tat sich man sich in Trier schwer damit, den großen Sozialisten und Philosophen als bedeutenden Sohn der Stadt anzuerkennen (und seinen Namen trägt auch nur die untere, nicht gerade respektable Hälfte der Brückenstraße). Studierende dagegen forderten immer wieder mehr oder weniger ernsthaft, die Universität nach ihm zu benennen. 2004 wurde er dann in einer Aktion der Landesgartenschau und des »Trierischen Volksfreundes« zum »bedeutendsten Trierer« gewählt.

Trier im Kaiserreich

Auch nach der Reichsgründung 1871 waren die Beziehungen Triers zu Berlin weiterhin vor allem von der Präsenz des Militärs und vom Kulturkampf geprägt. Dieser fand seinen Ausdruck u. a. in der Inhaftierung Bischof Matthias Eberhards, der jahrelangen Vakanz auf dem Bischofsstuhl und der zeitweisen Schließung des Priesterseminars.

Zur stärksten politischen Kraft in Trier stieg auf Reichsebene die katholische Zentrumspartei auf; auf kommunaler Ebene dominierten jedoch bis 1890 weiterhin die Liberalen.

Ein wirtschaftlicher Aufschwung setzte erst in den 1890er Jahren ein.

Topographisch und architektonisch sind für die Kaiserzeit vor allem der Abbruch der mittelalterlichen Stadtmauern und die Anlage des Alleenrings mit seinen Stadtvillen im Stil des Historismus kennzeichnend.

Die öffentliche Versorgung besserte sich rapide durch den Bau des Wasserwerks 1885, des Schlachthofes 1894, der Kläranlage 1900, des Elektrizitätswerkes 1903 und des Volksspeisehauses 1904. Für die Mobilität wurden Fortschritte erzielt durch die Weiterentwicklung des Eisenbahnnetzes mit Verbindungen nach Köln und Koblenz, die elektrische Straßenbahn 1905 und die Errichtung der Kaiser-Wilhelm-Brücke 1913.

Am Vorabend des Ersten Weltkriegs zählte Trier (auch aufgrund von Eingemeindungen) mehr als 50.000 Einwohner.

Trier war eine der bedeutendsten Garnisonsstädte des Reiches. 1913 lebten hier über 6800 Militärs. Das waren fast 14 % der Gesamtbevölkerung. Mit Ausbruch des Ersten Weltkrieges zogen auch die Trierer Regimenter in den Krieg. Unter den in Trier stationierten Männern fanden über 14.000 den Tod.

St. Martin (1910/15)

St. Paulus (1905/07)

Herz-Jesu-Kirche (1893/96)

Kath. Vereinshaus Treviris (1899)

Haus des Handels (1904/05)

Hauptpost (1879/82)

Ehem. Landeszentralbank (1903)

Trier um 1900 – Hoevel-Fotos

Einblicke in das Leben in Trier um 1900 vermitteln die Fotos von Lambert Hoevel, über dessen Leben nur wenige Fakten bekannt sind. Er war Fotograf und betrieb ein Geschäft für Fotoartikel für Profis und Amateure. Später handelte er vorwiegend mit Musikinstrumenten. Die Originale seiner Fotos sind aufwändig zu konservierende Glasplatten.

Mit seiner Kamera porträtierte Hoevel Einzelpersonen und Gruppen. Geschäftsleute, Militärs, Familien ließen sich von ihm ablichten, ebenso Brautpaare, Clubs, Schulklassen, Belegschaften von Unternehmen, so dass der umfangreiche Bestand an Fotoaufnahmen auch als wertvolle Quelle für die Kostümkunde nutzbar ist.

Hinzu kommen einige wenige Fotos von markanten Gebäuden wie der Porta Nigra und dem Provinzialmuseum und Schnappschüsse, etwa von Schlittschuhläufern auf der zugefrorenen Mosel. Im Jahre 1900 ließen sich die Soldaten fotografieren, die von Trier aus zur Niederschlagung des Boxeraufstandes nach China verlegt wurden.

Das »Staatsporträt« des Trierer Oberbürgermeisters Carl de Nys

Fortunatus Jakob Arnold Carl de Nys, genannt Carl de Nys, war 42 Jahre lang, von 1862–1904 Oberbürgermeister der Stadt Trier, das war die längste Amtszeit eines Bürgermeisters überhaupt. Die Trierer Bürger wählten ihn vier Mal hintereinander auf jeweils 12 Jahre, und der preußische König und spätere Kaiser bestätigte alle diese Wahlen und verlieh de Nys auch das »Recht, bei geeigneten Gelegenheiten die goldene Amtskette zu tragen«. Grund für diese Gunstbeweise waren die unbedingte Königstreue und Ergebenheit des de Nys. Im Jahre 1904 ging er mit 71 Jahren in den Ruhestand.

Berühmt oder berüchtigt, je nach Anschauung, war seine erzkonservative Haltung; er verhinderte, dass sich in Trier Industrie oder größere Betriebe ansiedelten und bemühte sich auch nicht ernsthaft um bessere Verkehrsanbindungen. Seine Sorge galt der Ruhe und Ordnung und der Verschönerung der Stadt.

Außerdem wurde ihm eine große Vorliebe für gute Weine nachgesagt, die vielleicht auch dazu führte, dass er seine Amtsgeschäfte, vor allem in den letzten Jahren seiner Amtszeit, gelegentlich schleifen ließ.

Carl de Nys hat sich auf seinem Porträt mit der großen goldenen Amtskette, mit einer goldenen Uhrkette über dem dickgewölbten Bauch und mit 6 Orden und Medaillen auf der linken Brustseite darstellen lassen. Die Bedeutung seiner Person und seines Amtes sollte hervorstechen. Das Bildnis steht damit in der Tradition der Staatsporträts, wie beispielsweise das großformatige Porträt des letzten Trierer Kurfürsten Clemens Wenzeslaus von Sachsen, das im Trebeta-Saal zu sehen ist. Letztlich gehen alle diese Prunkgemälde auf die französischen Vorbilder seit Ludwig XIV. zurück.

Künstlerisch bleibt der Trierer Maler Willy Laros allerdings hinter den Qualitäten des Hofmalers Heinrich Foelix, der den Kurfürsten porträtierte, erheblich zurück. Vor dunklem Hintergrund ist die Figur so naturalistisch detailgenau wiedergegeben, die Gesichtsfalten, der Bart, das Grübchen am Kinn, die Ordensdekoration, dass man sich an eine Fotoaufnahme erinnert fühlt.

Das Gefühl einer merkwürdigen Leere, das den Betrachter dieses Porträts beschleicht, wird noch durch den überschweren Goldrahmen, in den das Gemälde gefasst ist, erhöht. Auch mit diesem Rahmen aus der Entstehungszeit des Gemäldes, in dessen obere Querleiste ein großes Stadtwappen mit dem Hl. Petrus eingearbeitet ist, sollte die Gleichstellung der Person und der Stadt Trier nochmals unterstrichen werden. Heute mutet dieses protzige Relikt der Kaiserzeit weniger wichtigtuerisch als seltsam an.

Porträt des Trierer Oberbürgermeisters Carl de Nys, Willy Laros, Ölgemälde, um 1900, Inv. Nr. III.659

»Stadt-Idyllen für die gute Stube« – Eine Gemäldefolge zum »schönen alten Trier«

Seit den 1890er Jahren nahm Trier einen stabilen wirtschaftlichen Aufschwung, der vor allem auf Handwerk, Handel, Militär und Beamtentum gründete. In der Stadtverordnetenversammlung hatten die Liberalen, in erster Linie Vertreter des gehobenen Bürgertums, des Unternehmertums und Handelsstandes, bis zum Ausbruch des Ersten Weltkrieges die absolute Mehrheit bzw. eine starke Stellung. Für die bürgerlichen Honoratioren war ihre Vorstellung von einer »schönen Stadt« wohl nicht mit rauchenden Industrieschloten, Mietskasernen und Arbeitermassen vereinbar – ganz abgesehen von einem damit verbundenen unerwünschten Anstieg der sozialdemokratischen Wählerstimmen. Hinzu kam das negative Vorbild der Entwicklungen in den englischen Industriestädten, das vor allem die Bewohner der alten Städte Deutschlands abschreckte. Aus diesen Gründen investierten die in Trier ansässigen Kapitalgeber lieber in die Industrialisierung des Saarlandes, während sie hier vor Ort hauptsächlich Weinbau, Handwerk und Gewerbe förderten.

Das »schöne alte Trier«, wie die Stadtväter es erhalten wollten, wird in der hier gezeigten Gemäldefolge aus den sechs Jahrzehnten zwischen Reichsgründung und dem Ende der Weimarer Republik verkörpert. Die Lauben am Moselufer, in denen abends gemütliche Geselligkeit gepflegt wurde, das alte Tor in Pfalzel als typisches Beispiel des Moselbarock, Ansichten des Flusses vor der Kanalisierung und die mit Gaslaternen beleuchtete Römerbrücke sind beredte Beispiele der Moselromantik, die seit den 1830er Jahren zunehmende Besucherströme begeisterte. Das Elend des Ersten Weltkrieges wie die nachfolgenden politischen Umbrüche bleiben völlig ausgeblendet. Die künstlerisch anspruchsvoll gestaltete »heile Welt« verdoppelte die Idyllen vor der Tür für die Wände der Bürgerstuben.

Festabend in Zurlauben, August von Wille, Ölgemälde, 1877, Inv. Nr. III.1452

Nächste Seite:
Römerbrücke und Mariensäule bei Nacht (Strom- und Gasbeleuchtung), Holger Wind, Ölgemälde, 1910, Inv. Nr. III.1486

Gartenpavillons in Zurlauben, Otto Antoine, Ölgemälde, um 1930, Inv. Nr. III.1425

Alte Häuser in Trier, Alexander Mohr, Ölgemälde, um 1930, Inv. Nr. III.648

Tor in Pfalzel (»Moselbarock«), Alexander Mohr, Ölgemälde, um 1930, Inv. Nr. III.733

Trier als Garnisonsstadt

Triers Geschichte war von Anfang an wesentlich von der Anwesenheit des Militärs geprägt. Bereits 30 v. Chr. errichteten die Römer ein Lager auf dem Petrisberg, das aber nur wenige Monate Bestand hatte. Im hohen und späten Mittelalter lagen in Trier die Truppen der Erzbischöfe und der städtischen Milizen. Insbesondere seit dem 17. Jahrhundert wurde die Stadt mehrfach belagert, eingenommen, be- und wieder entfestigt. Nach den französischen Revolutionstruppen zogen die preußischen, dann die kaiserlichen Garnisonen hier ein. Während der 2. Hälfte des 19. Jahrhunderts machten die Militärs 15 % der Gesamtbevölkerung aus. Von 1918 bis 1930 war Trier französisch besetzt, nach wenigen Jahren der Entmilitarisierung marschierten 1936 Hitlers Truppen unter Bruch internationaler Verträge ein. Nach 1945 wurde die Stadt zu einem der größten Stützpunkte der französischen Armee überhaupt. Seit 1959 waren auch Einheiten der Bundeswehr in Trier stationiert. Zeitweise beherbergte die Stadt fast 30.000 deutsche und französische Soldaten.

In mehreren Etappen bis 1999 wurde der französische Truppenstandort aufgegeben. Bis 2009 wird auch die Bundeswehr die Stadt verlassen haben und Trier erstmals seit vielen Jahrhunderten – abgesehen von den Jahren 1930 bis 1936 – nicht mehr Garnisonsstadt sein.

Eine Publikation zu »Trier als Garnisonsstadt« ist im Museums-Shop erhältlich.

Plakat »Das Gold dem Vaterland« (Kriegsfinanzierung), Bernhard Hossaeus, Druck/Papier, Berlin 1916, Leihgabe des Stadtarchivs Trier

»Gold für Eisen« – Die Notzeit des Ersten Weltkriegs

Da der Aufmarsch und die Versorgung großer Armeen erheblicher Geldmengen bedurften, hob die Reichsregierung zu Beginn des Ersten Weltkrieges am 4. August 1914 die gesetzliche Noteneinlösungspflicht der Reichsbank in Metallgeld bzw. Gold auf. Niemand konnte mehr von den Banken verlangen, ihm den Gegenwert seiner Banknoten in Metallgeld auszuzahlen. Außerdem wurden die staatlichen Möglichkeiten der Schuldenaufnahme und des zusätzlichen Druckes von Banknoten erheblich ausgeweitet, indem der sog. »Goldanker«, d.h. die gesetzlich vorgeschriebene Deckung eines Drittels aller Reichsbanknoten durch Gold, aufgehoben wurde. Dieser schon vor Kriegsbeginn entstandene Plan sollte die sog. nationale Begeisterung nutzen, um die Geldvermehrung durch Kriegsanleihen gegenzufinanzieren. Anders als in Großbritannien und Frankreich, wo die Kosten der Kriegsführung durch Vermögenssteuern aufgebracht wurden, sollten diese Kriegsanleihen nach dem Sieg mit der Kriegsbeute in Form von Reparationen wieder abgelöst werden. Doch das Deutsche Reich verlor den Krieg und musste selbst Reparationen zahlen.

Um an zusätzliches Geld und Gold zu kommen, wurde die Aktion »Gold für Eisen« aufgelegt. Wie bereits während der napoleonischen Befreiungskriege sollten möglichst viele patriotische Frauen dem Aufruf folgen, ihren Goldschmuck als Beitrag zur Deckung der Kriegskosten abzuliefern. Parallel dazu kam es immer wieder zu Aufforderungen an die Bürger, Zinn-, Bronze- oder Kupfergegenstände an zentralen Sammelstellen abzugeben.

Aber nicht nur Geld, auch erhebliche Warenmengen wurden für die Versorgung der Armee gebraucht. Vor allem Nahrung, Bekleidung und Heizstoffe für den zivilen Verbrauch im Inland wurden daher bald knapp. Viele Lebensmittel mussten rationiert werden und waren schon ab 1915 nur noch über sog. Lebensmittelmarken zu erwerben. Es kam zu vielfältigen Güterengpässen, Ersatz- und Austauschstoffe boomten, z.B. Kaffee-Ersatz oder Brennnesselfasern an Stelle von Baumwolle usw. Im berüchtigten Hunger- oder Steckrübenwinter 1916/17 nahm die allgemeine Nahrungsmittelknappheit dramatische Formen an. Nicht nur die Brotrationen mussten herabgesetzt werden, auch die Versorgung mit Kartoffeln war nach einer Missernte vollkommen unzureichend. In weiten Teilen des Reichs wurden Steckrüben zum Hauptnahrungsmittel, das in vielerlei Zubereitungsformen einen großen Teil der übrigen Lebensmittel ersetzen oder strecken musste. Wie die meisten anderen Städte richtete auch Trier Volks- bzw. Kriegsküchen ein, in denen für die Stadtbewohner täglich Mahlzeiten ausgegeben wurden, für viele die einzige am Tag.

Mit den von der Stadt Trier herausgegebenen Bezugsscheinheften für Hausbrand, mit den Lebensmittel-, Brot-, Milch-, Butter- und Kartoffelkarten wie auch mit der Reichsfleischkarte mussten sich die Trierer Haushaltungen noch viele Jahre über das Ende des Ersten Weltkriegs hinaus einrichten; die Rationierungen endeten erst im Jahre 1923.

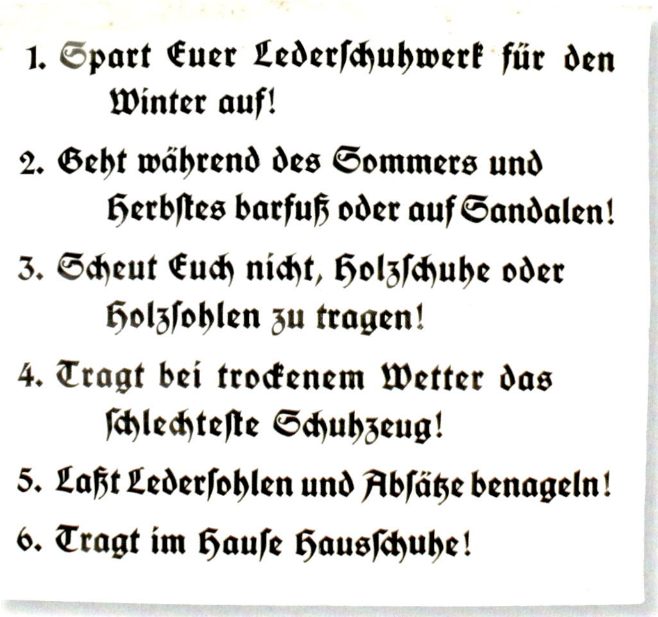

Metallsammlung zur Kriegsfinanzierung, Auswahl aus den damals als »kulturell wertvoll verschonten Objekten«

Plakat, Aufruf an die Bevölkerung zum kriegsbedingten Einsparen von Leder, Druck/Papier, 1914/18, Leihgabe des Stadtarchivs Trier

Lebensmittelbewirtschaftung, Dauer 1915–1923, Auswahl aus der Grundausstattung eines Haushalts mit Hausbrand-, Lebensmittel-, Milch-, Brot- und Kartoffelkarte der Stadt Trier sowie Reichsfleischkarte der Kriegs- und Nachkriegszeit, Leihgaben des Stadtarchivs Trier

Trier in der Weimarer Republik

Wie in vielen deutschen Städten bildete sich am 9. November 1918 auch in Trier ein Arbeiter- und Soldatenrat als revolutionäre Übergangserscheinung, dessen Wirken allerdings schon mit dem Einmarsch der amerikanischen Besatzungstruppen Anfang Dezember 1918 endete. Vorherrschende politische Kraft war während der gesamten Weimarer Republik das katholische Zentrum.

Probleme wie die hohe Inflation, die Arbeitslosigkeit und die Weltwirtschaftskrise von 1929 teilte Trier mit anderen Städten. Außerdem war es wie die gesamten Rheinlande bis 1930 französisch besetzt. Die französische Regierung unterstützte die Separatisten, die für eine Abtrennung der Rheinlande vom Reich eintraten, in Trier 1923 zeitweise das Rathaus besetzten und die Fahne der »Rheinischen Republik« hissten.

1925 beging man festlich »1000-Jahre-Rheinlande« – u. a. mit einer Gewerbeschau und einem Freilicht-Schauspiel über Erzbischof Balduin. 1930 zogen die französischen Besatzungstruppen ab, und die Stadt feierte unter dem Motto »Trier ist frei«. Erstmals seit vielen Jahrhunderten war Trier kein Truppenstandort mehr – bis Hitler 1936 unter Bruch internationaler Verträge ins Rheinland einmarschierte. Bei den Trierer Stadtratswahlen war die NSDAP 1933 mit 30 % der Wählerstimmen zur zweitstärksten Partei aufgestiegen.

Collage mit Arbeiter-/Separatistenumzug und Boxer (Max Schmeling), Alexander Mohr, Bleistift, Feder, Zeitungsausschnitte, um 1925/30, Inv. Nr. IV.401

Collage »Canadian Step«, Alexander Mohr, Gouache, Farbpapier, Zeitungsausschnitte, um 1925/30, Inv. Nr. III.1404

Inflation

Um die immensen Kosten des Ersten Weltkrieges zu finanzieren, ließ die Regierung große Mengen Banknoten drucken, ohne dass deren Wert durch entsprechende Gold-Rücklagen abgesichert gewesen wäre. Hohe Kriegsanleihen wurden getätigt und sollten nach dem Sieg durch Reparationszahlungen der Kriegsgegner wieder abgelöst werden. Diese Rechnung ging allerdings nicht auf, denn das Reich verlor den Krieg. Nach Kriegsende im November 1918 überstiegen die Schulden des Reiches mit etwa 150 Milliarden Mark das Volkseinkommen des Jahres 1919 von geschätzten 142 Milliarden Mark. Gegenüber dem Kriegsbeginn hatte sich die Menge des umlaufenden Geldes verfünffacht. Um die im Versailler Vertrag vereinbarten Reparationszahlungen an die Siegermächte leisten zu können, wurden weitere Mengen an Papiergeld gedruckt, was die Geldentwertung anheizte. Gleichzeitig sorgten Stagnationen und Engpässe im Warenangebot für starke Preissteigerungen. Im Januar 1920 hatte die Reichsmark gegenüber dem US-Dollar nur noch ein Zehntel des Umtauschwertes, den sie noch im August 1914 gehabt hatte.

Armbinde des revolutionären Arbeiterrates in Trier, Stoff, 1918, Leihgabe des Stadtarchivs Trier

»Trier ist frei«, Postkarte, 1930

Trierer Notgeldscheine nach Entwürfen von Fritz Quant

Weil Deutschland mit den Reparationsleistungen an Frankreich in Verzug geriet, besetzten französische und belgische Truppen am 11. Januar 1923 das gesamte Rheinland. Die Besetzung löste eine nationale Empörung aus, und der Reichskanzler Wilhelm Cuno rief zum passiven Widerstand auf. Während dieser Streiks wurden die Löhne von etwa 2 Millionen Arbeitern des Ruhrgebiets vom Staat übernommen, der zu diesem Zweck noch mehr Geld drucken ließ. Dieses Vorgehen verstärkte jedoch die Wirtschaftskrise und führte schließlich zur Hyper-Inflation 1922/23. Immer rascher verloren die Banknoten an Wert, bis der Kurs für einen US-Dollar im November 1923 4,2 Billionen Mark entsprach.

Mit der Währungsreform im November 1923, d.h. mit der Einführung der Rentenmark, wurde die Inflation beendet. Die wirtschaftlichen Verhältnisse konnten sich im Verlauf des Jahres 1924, in dem die Reichsmark ausgegeben wurde, stabilisieren – in ihrer Folge auch die politischen Verhältnisse.

Trier unter dem Hakenkreuz

»Volk, Rasse, Führertum« waren die Schlagworte, mit denen der Nationalsozialismus auch in katholischen Städten wie Trier breite Massen für seine politischen Ziele begeisterte. Obwohl die NSDAP bei den Reichstagswahlen vom 12. März 1933 mit 31,9% der Stimmen in Trier deutlich unter dem Reichsdurchschnitt (43,9%) gelegen hatte, erfolgten die »Machtergreifung« des Regimes und die »Gleichschaltung« wie in allen Städten des Reiches problemlos und ohne wirkliche Widerstände. Auch in Trier rückte das gesamte politische, wirtschaftliche, gesellschaftliche und kulturelle Leben auf eine Linie mit dem totalitären Regime.

Die Porta Nigra mit Hitlerplakat

Der »Führerstaat«

Bereits während der Krisenjahre der Weimarer Republik hatte die in dem neuen Reichskanzler Adolf Hitler personifizierte Ideologie des Führerstaates eine kultische Faszinationskraft gewonnen. Bei den aufwändig inszenierten Schaustellungen des Führerkultes traten daher auch die untergeordneten politischen Funktionsträger wie der Trierer Gauleiter Gustav Simon, der Kreisleiter Albert Müller oder der Führer der Trierer Hitler-Jugend, Wilhelm Ahrndt, permanent in Erscheinung: etwa am Maifeiertag, an »Führers Geburtstag«, am »Tag der Machtergreifung« und selbstverständlich immer dann, wenn der Führer – wie 1939 und bereits 1932 – zu einem Besuch anreiste. Auf einstimmigen Beschluss des Stadtrates erhielt Hitler schon am 19. April 1933 die Ehrenbürgerschaft, woraufhin der Porta-Nigra-Platz und der dorthin führende Straßenzug (Nordallee/Bahnhofstraße) nach ihm benannt wurden; am Tage darauf, passend zu »Führers Geburtstag«, pflanzte man eine Hitler-Eiche.

Das »Goldene Buch« der Stadt Trier zur NS-Zeit

Städte, größere Gemeinden und Körperschaften pflegen ein Ehrenbuch aufzulegen, in das prominente Besucher ihre Namen eintragen können. In Anlehnung an das mittelalterliche Patrizierverzeichnis Venedigs wird es gerne als »Goldenes Buch« bezeichnet und entsprechend aufwändig gestaltet. Auch die Stadt Trier pflegt diesen Brauch und kann hierzu auf eine ganze Reihe von Gästebüchern mit den Einträgen illustrer Besucher verweisen.

Für die NS-Zeit stellt sich dabei die Frage nach den Parteigrößen, die durch die Vorlage des Ehrenbuches hofiert wurden. Sie ist derzeit nicht zu beantworten, da nur ein einziges Exemplar des damaligen »Goldenen Buches« bekannt und dieses einer gründlichen Entnazifizierung unterzogen worden ist.

Beim städtischen Protokollamt liegt aus der Weimarer Zeit ein Band vor, der im Herbst 1930 mit dem Trier-Besuch des Reichskanzlers Hindenburg begonnen worden war. Die Eintragungen enden jedoch 1932. Danach klaffte bisher eine Lücke von 15 Jahren; erst 1947 setzte das »Goldene Buch« mit einem neuen Band wieder ein.

Vor kurzer Zeit allerdings tauchte aus Privatbesitz das Gästebuch oder eines von mehreren aufeinander folgenden Exemplaren aus der NS-Zeit wieder auf. Der überreich mit NS-Emblemen verzierte Band im Folioformat (ca. 38 x 35 x 7 cm) konnte von der Stadtbibliothek/Stadtarchiv Trier angekauft werden. Auf der Vorderseite des Pergamenteinbandes prangt mittig ein in Gold geprägter Adler, der einen Kranz mit dem Hakenkreuz in den Klauen hält. Darunter zieht sich ein ebenfalls goldfarbenes Schriftband mit dem Eintrag: »TRIER – DES REICHES AELTESTE STADT« entlang. Vorder- und Rückseite des Bandes tragen jeweils vier quadratische Eckverzierungen aus Messing, eine Art von großen Beschlagnägeln, die wiederum das Hakenkreuz aufweisen. Ein dreiseitiger Goldschnitt mit gestochenen Zierleisten und 2 Schließen mit Zierbeschlag unterstreichen den aufdringlich auf Pracht zielenden Gesamteindruck.

Zu diesem Goldenen Buch gehörte einst auch eine holzgeschnitzte Kassette, die auf dem Deckel ein Rundmedaillon mit dem Kopf einer antikisierenden Frauengestalt mit Helm und Streitaxt trug. Die ergötzliche Beischrift lautete »TREVERIS – RÖMISCHE STADTGÖTTIN TRIERS«. Die heute verlorene Kassette wurde 1941 zusammen mit dem Goldenen Buch in einer Publikation der Trierer Werkkunstschule, damals zur sog. Meisterschule des deutschen Handwerks gleichgeschaltet, als Paradebeispiel für Arbeiten der letzten Jahre abgebildet. Die Veröffentlichung erlaubt nicht nur die sichere Zuordnung des Gästebuches zur Stadt Trier, sondern auch eine ungefähre Zeitstellung um 1938–1941. Denn aus dem Inhalt des Bandes lassen sich keine Rückschlüsse mehr ziehen; rund die Hälfte der Gesamtzahl der Blätter wurde aus dem Buchblock grob herausgerissen. Dabei handelte es sich wohl um die Gästeeintragungen selbst im vorderen und vielleicht um eine Art Register im hinteren Bereich. Die kompromittierenden Autographen sind getilgt, Nachforschungen nach den möglicherweise erst vor dem Verkauf herausgelösten Blättern verliefen ergebnislos.

»Goldenes Buch« der Stadt Trier (Gästebuch der NS-Zeit mit herausgetrennten Autographen), hergestellt in der Trierer »Meisterschule des Deutschen Handwerks«, Holz- und Pergamenteinband mit Messingbeschlägen, um 1940, Leihgabe der Stadtbibliothek Trier

Nationalblatt

Amtliches Organ der Nationalsozialistischen Deutschen Arbeiterpartei und sämtlicher Behörden im Regierungsbezirk Trier

Berlins glücklichste Stunde: Triumphaler Empfang des Siegers!

Die ganze Nation dankte Adolf Hitler

Millionen umjubelten den Führer

Eine Volkskundgebung wie noch nie zuvor / Blumenteppiche bedeckten die Straßen / Orkane der Begeisterung

Längere Aussprache des Führers mit Graf Ciano

Die Volksgemeinschaft

In Verbindung mit dem Führerkult bildete die »Volksgemeinschaft« das Kernstück nationalsozialistischer Weltanschauung. Ihr Grundgedanke war nach den Worten Hitlers die Schaffung einer absolut solidarischen »Einheit deutscher Menschen«, die sich über alle sozialen, politischen und religiösen Gegensätze »hinweg erheben« und als die »arische« Elite ihren natürlichen Herrschaftsanspruch gegen die minderwertigen Rassen durch deren »Ausmerzung« durchsetzen sollte. Durch ihre straffe Organisation in partei- und staatsnahen Einheitsverbänden war die Volksgemeinschaft einer dauernden Selbstkontrolle unterworfen, die den Zwang zu autoritären Verhaltensmustern wie »Disziplin, Pflicht und Gehorsam« bestärkte und eine widerspruchslose Erfüllungsbereitschaft auch in den Terror- und Mordkommandos der Gestapo, SA, SS und während des Krieges dann auch in der Wehrmacht garantierte.

Als »Bollwerk an der Westgrenze des Reiches« sollte Trier auch in städtebaulicher Hinsicht die nationalsozialistische Weltanschauung repräsentieren. Dies bezeugen die komplett oder noch teilweise erhaltenen Monumentalbauten jener Jahre: die Hochschule für Lehrerbildung oberhalb von Pallien, die Kemmelkaserne auf dem Petrisberg, der neuen Stadtbekrönung, und der Hochbunker neben dem Rathaus. Für Staatsbesuche und Parteitagsveranstaltungen gab es Paradeplätze im Palastgarten und vor der Porta Nigra. Entlang der Mosel wurden Strandbäder, Bootshäuser und Wiesenflächen hergerichtet für den Freizeitsport der Volksgenossen und die Zeltlager der Staatsjugend. Wegen des Krieges wurden weitere Baumaßnahmen nicht mehr realisiert, die der Stadtbaurat Otto Schmidt in seinem »Großen Trierer Plan« vorgesehen hatte: u. a. eine »Thingstätte« für Schauspiele auf dem Petrisberg oder ein »Großmuseum des Westens« im Kurfürstlichen Palais. Ein Stadtrundgang hätte die Sehenswürdigkeiten der römischen Antike und die Bauten der Bewegung zu einer erhebenden Denkmalschau, genannt »via archäologica triumphalis«, vereint. Zur Förderung des volksgemeinschaftlichen Kulturbewusstseins wurden auch Wettbewerbe und Messen für Handwerker veranstaltet. 1938 präsentierte die Freizeitorganisation »Kraft durch Freude« vor der Porta Nigra den Prototypen des Volkswagens. Bei den Besuchen hoher Parteifunktionäre standen Besichtigungen der heimischen Industrie auf dem Tagesplan: die Schuhfabrik Romika, das Zigarrettenhaus Neuerburg oder das Walzwerk. Und im Programm des Trierer Stadttheaters wurden nun auffallend häufig Opern von Richard Wagner, Hitlers Lieblingskomponisten, aufgeführt.

»Nationalblatt, Gauzeitung Koblenz – Trier«, Ausgabe Trier (genannt: »Trierer Nationalblatt«), Leihgabe der Stadtbibliothek Trier

»Haustafel der NSDAP«, verordnete Anbringung in »jedem Mietshaus oder einer Hausgruppe«, Mitteilungen und Anschläge überwacht vom Blockleiter, Stahl emailliert, 1938, Inv. Nr. X.928

Der »Volksempfänger«

Als Hitler im Jahre 1933 an die Macht kam und in Deutschland seine Diktatur aufbaute, benutzte er gezielt den Rundfunk, um für sich und seine Partei zu werben. Da die Rundfunkempfänger, umgangssprachlich »Radios« genannt, bis zum Beginn der 1930er Jahre noch relativ selten und teuer waren – ein Apparat kostete zwischen 200 und 400 Reichsmark – ließ Hitler technisch einfache und schlicht gestaltete Geräte bauen, die für jeden Haushalt erschwinglich waren: Zuerst ein größeres, das 76 Reichsmark kostete und dann ab 1938 den hier gezeigten »Deutschen Kleinempfänger«, der nur 35 Reichsmark kostete. Er erhielt im Volksmund die Bezeichnung »Goebbels Schnauze«, weil aus der runden Lautsprecheröffnung auf der Vorderseite so oft die plärrenden Propagandareden des Reichsministers Joseph Goebbels zu hören waren. Denn das mit »Volksempfänger« beworbene Radio sollte nur den Empfang des Deutschlandsenders und eines weiteren Programms ermöglichen; diese Sender aber waren beide staatlich überwacht und zensiert, d.h. es wurde offen oder versteckt für den Führerstaat Adolf Hitlers geworben, jede von der Parteilinie abweichende Meinung aber rigoros unterdrückt. Um die von häufiger Propaganda genervten Hörer bei der Stange zu halten, durchsetzte man das Programm mit Wunschkonzerten und Unterhaltungsspielen. Im Krieg nahmen auch die Wehrmachtsberichte, natürlich zensiert, einen festen Platz in den Programmen ein.

Als sich herausstellte, dass man in den Nachtstunden auch europäische Sender hören konnte, belegte man dieses Abhören von »Feindsendern« mit hohen Strafen bis hin zur Todesstrafe.

Insgesamt war die Volksempfänger-Maßnahme sehr erfolgreich. Im Jahre 1941 beispielsweise hatten schon rund zwei Drittel aller deutschen Haushalte ein Radiogerät. Damit konnte der Staatsapparat entsprechend viele Menschen unmittelbar erreichen. Außerdem flossen der Regierung auch große Geldbeträge zu. Denn es mussten auch damals schon Rundfunkgebühren bezahlt werden und zwar der für die Zeit hohe Betrag von 2 Reichsmark monatlich.

Deutscher Kleinempfänger 1938 (sog. Volksempfänger) Gehäuse Bakelit, Inv. Nr. X.956

Atemschutzmaske (sog. »Volksgasmaske«) Gummi und Metall, 1939–1945, Inv. Nr. X.931

Volksgasmaske und Luftschutzhelm

Atemschutzmasken werden auch heute noch bei Arbeiten getragen, die mit der Gefahr von giftiger Rauch- oder Gasentwicklung verbunden sind, beispielsweise als Vorsichtsmaßnahme bei Katastropheneinsätzen. Sie gehören auch zur Ausstattung aller Armeen. Allerdings haben sie in den mehr als 60 Jahren, die seit der Herstellung der hier gezeigten »Volksgasmaske« aus der Zeit des Zweiten Weltkriegs vergangen sind, ihr Aussehen und das verwendete Material erheblich verändert.

Ab der Machtübernahme durch Hitler und die Nationalsozialisten im Jahre 1933 wurde in Deutschland systematisch der »Reichsluftschutzbund« aufgebaut, der bis zum Kriegsausbruch 1939 schon rund 13,5 Millionen Mitglieder aufwies. Er sollte die Bevölkerung auf einen künftigen Krieg einstimmen und sie im Luftschutz, d.h. im Schutz vor befürchteten Gasangriffen und Bombardierungen aus der Luft ausbilden. Neben der Errichtung von öffentlichen Luftschutzbunkern und Luftschutzräumen in Privathäusern kam der Abwehr von Gasangriffen besondere Bedeutung zu. Es wurden daher ab 1937/38 preiswerte Gummi-Gasmasken mit Filtern in Zinkblechbüchsen entwickelt, die mit Plakaten wie »Jeder braucht die Volksgasmaske! Preis 5 RM« angepriesen und in riesigen Stückzahlen verkauft wurden. Es gab sie in mehreren Größen für

Jugendliche und Erwachsene; Kleinkinder und Säuglinge sollten durch Gasschutzjäckchen und Gasbettchen geschützt werden.

Die Luftschutzmaßnahmen, zu denen auch Löschsandtüten und Handspritzen gehörten, wiegten die Bevölkerung in falscher Sicherheit. Dazu trug auch wesentlich die Beeinflussung durch den erwähnten Reichsluftschutzbund bei, dessen Mitglieder auf rangniedriger Ebene einen Luftschutzhelm wie den hier ausgestellten trugen.

Stahlhelm mit Luftschutz-Emblem, Fa. Werner Lüning, Gelsenkirchen, Stahl und Leder, 1936–1944, Inv. Nr. X.930

Als der Ernstfall eintrat und die Kriegsgegner Großbritannien und USA ab 1942 die deutschen Luftangriffe mit Flächenbombardements deutscher Städte beantworteten, erwiesen sich die Luftschutzmaßnahmen als ziemlich wirkungslos. Gegen die alliierten Spreng- und Brandbomben, die ganze Stadtteile in Schutt und Asche legten, war mit diesen Mitteln nicht anzukommen. Auch die Gasmasken waren in den Feuersbrünsten samt nachfolgendem Sauerstoffmangel kein Schutz. Mehr als eine halbe Million Deutscher starben bei den Luftangriffen, und mehr als 3 Millionen Wohnungen wurden zerstört.

Organisierter Terror, Verfolgung und Vernichtung

In der städtebaulichen Umgestaltung des nationalsozialistischen Trier gab es neben den monumentalen Bauten der »nationalen Erhebung« auch spezielle Gebäude für den organisierten Terror. Sie waren aus Gründen der Tarnung und Geheimhaltung abseits gelegen, und ihre Fassaden eher unauffällig gestaltet. Dennoch fielen sie den Anwohnern auf wegen ihrer zunehmenden Frequentierung, u.a. der Gestapokeller am Balduinplatz und das geheime Konzentrationslager in der Hornkaserne, wo Schutzhäftlinge gefoltert wurden, das Amtsgericht, wo das »Erbgesundheitsgericht« die Beschlüsse zu den Zwangssterilisationen fasste, das evangelische Elisabeth-Krankenhaus, wo die Sterilisationen durchgeführt wurden, das Krankenhaus der Barmherzigen Brüder, von wo alle Patienten der Heilanstalt ab 1939 mit Sonderbussen in die Euthanasie-Mordanstalten abtransportiert wurden, die annähernd 30 »Judenhäuser«, jene Zwangswohnungen, in denen die Trierer Juden vor ihrer Deportationen zusammengepfercht wurden, die überfüllten Gefängnisse in der Windstraße und in der Rindertanzstraße, wo sie am Tage vor ihrem Abtransport ihre Vermögen »dem Reiche« überschrieben. Dort harrten auch die politischen Häftlinge aus den Besatzungsgebieten, unter anderem der französische Priester und Künstler Jean Daligault, ihrer Verurteilung entgegen, ehe sie in Hinzert bei Hermeskeil, oder in ein anderes Konzentrationslager eingewiesen wurden. Da die Täter die Spuren der Misshandlungen und des Massenmordes gezielt verwischten, z.B. durch Fälschungen der Todesdaten und -ursachen, existieren über die Anzahl der Opfer nur Schätzungen und auch ganz wenige Beschreibungen einzelner Schicksale. Es starben mehr als die Hälfte der Mitglieder der jüdischen Gemeinde (mehr als 350 Personen), mindestens 500 Patienten der Heil- und Pflegeanstalten, mindestens ein Dutzend Priester, Seelsorger, Ordensbrüder und -schwestern; mindestens 25 Kommunisten und sog. »Asoziale« und mindestens 10 Angehörige der Sintifamilien. Von den über 2000 Einwohnern des Landkreises, die auf der Grundlage des Erbgesundheitsgesetzes sterilisiert worden waren, verzichteten weitaus die meisten aus Scham und Verbitterung darauf, sich über die ihnen zugefügten Leiden zu äußern.

STANDRECHT
in
LUXEMBURG

Nachdem auch in Luxemburg-Stadt Fälle von Streiks und Arbeitsverweigerung eingetreten sind, wird der zivile Ausnahmezustand für den Gesamtbereich des Chefs der Zivilverwaltung in Luxemburg verhängt.

Die Zuständigkeit des Standgerichts wird entsprechend erweitert.

Todesurteile gegen Streikende werden sofort durch Erschiessen vollstreckt

Luxemburg, den 31. August 1942.

Der Chef der Zivilverwaltung in Luxemburg:
gez. Gustav SIMON

Plakat mit Ausrufung des Standrechts, unterzeichnet von Gauleiter Simon, vom 31. August 1942, Druck/Papier, Reproduktion nach Original in Privatbesitz

Judenhaus, Otto Pankok, Kohlezeichnung, 1945, Original im Otto-Pankok-Museum

Russische Zwangsarbeiterinnen, Mia Münster, Öl auf Hartfaser, 1944, Inv. Nr. III.1488

Mia Münster (1894–1970)

Die Malerin Mia Münster, 1894 in St. Wendel geboren und 1970 dort auch verstorben, ist in der stadtgeschichtlichen Ausstellung mit nur einer Arbeit vertreten; diese aber ist von besonderem Gewicht. Es handelt sich um das von ihr im Jahre 1944 geschaffene Gemälde »Russische Zwangsarbeiterinnen«, mit dem sie sich damals nicht unerheblicher Gefahr aussetzte. Die Darstellung der verhärmten Frauen mit ihren abgearbeiteten roten Händen passte so gar nicht zu den Siegerposen, mit denen das NS-Regime das Kriegselend überdeckte. Es wäre der Malerin übel ergangen, wenn dieses Gemälde, das die Ausbeutung der verschleppten und gedemütigten Zwangsarbeiter zumindest dokumentierte, wenn nicht gar anprangerte, bekannt geworden wäre. Der Überlieferung nach hat sie es auch versteckt und nur den engsten Freunden offenbart.

Dabei wäre es völlig verfehlt, in der Malerin Mia Münster eine Widerstandskämpferin zu sehen. Wie die meisten Künstlerkollegen hatte sie sich, um »lizensiert« zu werden, d.h. den Beruf einer Malerin überhaupt ausüben zu können, in die Reichskulturkammer aufnehmen lassen und sich damit äußerlich mit dem NS-Regime arrangiert. Aber sie hatte die Augen nicht verschlossen, hatte nicht weggeschaut, sondern mit Vehemenz versucht, die sie umgebende Wirklichkeit zu erfassen und mit ihren künstlerischen Mitteln wiederzugeben. So entstanden in den 1930er und 1940er Jahren ihre zahlreichen Ölgemälde, Gouachen und Aquarelle, mit denen sie sich den Themenkreisen der Arbeitswelt und des Alltags zuwandte. In großfigurigen Bildern widmete sie sich diesen unspektakulären Verrichtungen, z.B. den Frauen am Spülstein und beim Wäschewaschen, den Näherinnen bei ihrer konzentrierten Arbeit, müden Pilgerinnen auf der Kirchentreppe oder erschöpften Reisenden im überfüllten Zugabteil. Und eben auch den drei russischen Zwangsarbeiterinnen mit den leeren Augen.

Selbstporträt, Mia Münster, um 1940/41, Privatbesitz

Mit diesen dem »Expressiven Realismus« zuzuordnenden Arbeiten stemmte sich die Malerin trotzig gegen den Schicksalsschlag, das heißgeliebte Berlin wieder mit dem provinziellen St. Wendel tauschen zu müssen. Mehrfach war sie aus ihrer Geburtsstadt aufgebrochen, hatte in München und Leipzig studiert und dann fast sechs Jahre lang in Berlin gelebt. Die überwältigende Museumslandschaft der Stadt, die Kunsthandlungen und Galerien samt der Tuchnähe bekannter Künstler waren ihr Lebenselexier geworden. Doch die heraufziehende Nazi-Diktatur hatte diesem freien Künstlerleben ein Ende gesetzt. Ihre Arbeitsmöglichkeiten bei Zeitschriftenverlagen, die bis dahin ihre schwungvoll eleganten Modezeichnungen wie auch ihre Karikaturen übernommen hatten, entfielen durch Gleichschaltung und Zensur der Presse. So hatte sie, von Geldsorgen gebeutelt, in die Heimat zurückkehren und sich selbst in den Folgejahren beweisen müssen, dass sie dennoch nicht einem geduckten Obenüber oder gar der offiziell erwünschten Blut- und Boden-Malerei verfiel.

Mia Münster blieb auch nach dem Ende des Zweiten Weltkriegs in St. Wendel wohnhaft, stand aber in regem Kontakt mit ihren Malerkollegen der Großregion und stellte mit ihnen gemeinsam aus, unter anderem auch wiederholt in Trier. Das Stadtmuseum Simeonstift Trier präsentierte im

Jahre 2001 unter dem Titel »Malerfreundschaften in bedrohlicher Zeit – Die 30er Jahre in der Region« die hohe Qualität der Arbeiten, die der Künstlerkreis, zu dem auch Mia Münster zählte, während der schwierigen Zeit des NS-Regimes geschaffen hatte und legte dazu einen – im Museumsshop noch erhältlichen – Katalog vor. Im Anschluss an diese Ausstellung gelang es, das rare und oft ausgeliehene Gemälde mit dem Motiv der Zwangsarbeiterinnen für das Stadtmuseum zu erwerben.

Das »Mia-Münsterhaus – Museum St. Wendel« zeigt als Dauerausstellung eine Kollektion ihrer Werke und der ebenfalls nach ihr benannte »Mia-Münster-Kunstpreis der Stadt St. Wendel« wird seit dem Jahre 1985 vergeben.

Zerstörungen

1939 eröffneten deutsche Kampfflieger beim Angriff auf polnische Städte eine neue Dimension des Vernichtungskrieges: den Bombenkrieg, der mit systematischen Zerstörungen auch ziviler Ziele die schnellstmögliche Kapitulation des Feindes erzwingen sollte. Nach dem gescheiterten Russlandfeldzug übernahmen die Kriegsgegner Großbritannien und USA diese völkerrechtlich umstrittene Kriegstaktik. Bei dem gezielten Bombardement deutscher Städte kam es auch in Trier zu furchtbaren Zerstörungen. Weihnachten 1944 lag die Innenstadt mit ihren Kulturdenkmälern in Trümmern. Trotz der vorhergehenden Evakuierung der Zivilbevölkerung gab es noch zahlreiche Tote und Verletzte zu beklagen.

Das zerstörte Trier

»Dom und Liebfrauenkirche brennend – 17.8.44«, Fritz Reuter, Ölgemälde, 1944, Inv. Nr. III.1505

Zerstörungsmodell der Stadt Trier, (Innenstadt, wird erweitert), Joachim Woditsch, Holz, 2001

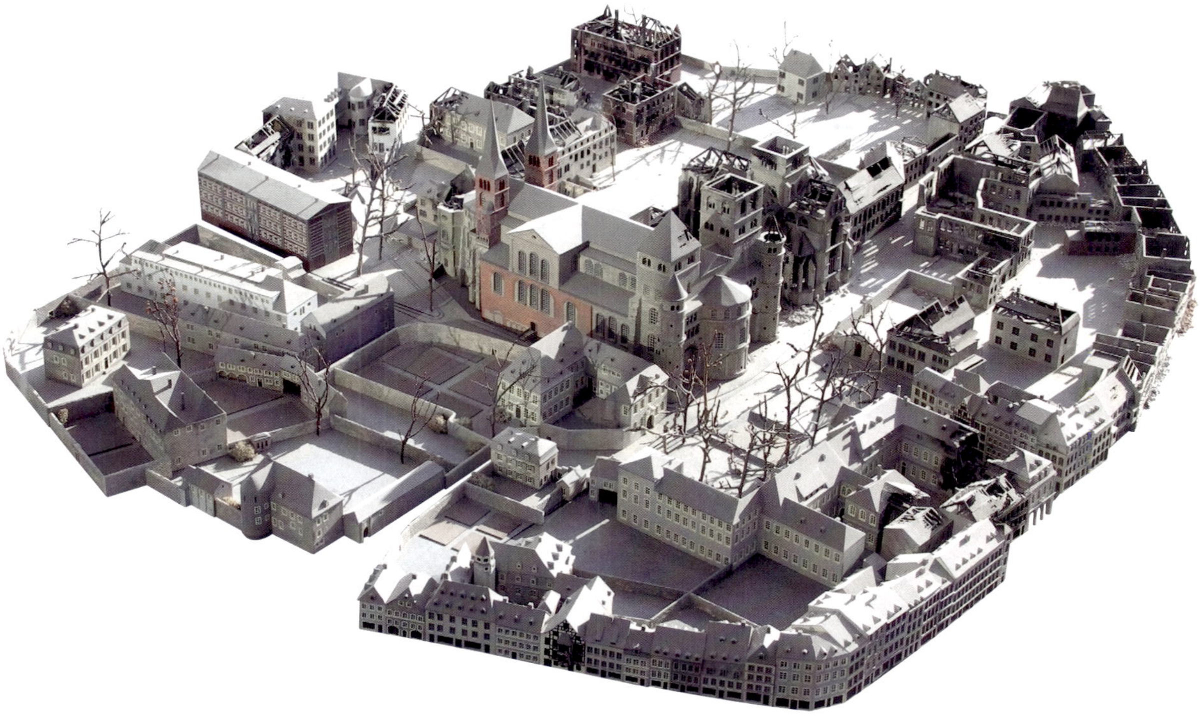

Der Umgang mit der historischen »Erblast«

Die eingehende Aufarbeitung der nationalsozialistischen Vergangenheit begann in Trier wie in anderen Städten sehr spät erst zu Anfang der 1980er Jahre. Die Gründe waren vielfältig, z.B. die wenig effiziente Entnazifzierungspolitik der Besatzungsmächte, die vielfach unbedeutende ehemalige Parteigenossen von der Wiederaufnahme ihrer Berufstätigkeit ausschloss, ehemalige Aktivisten des Regimes aber rehabilitierte. Wegen der schweren Zerstörungen und des Elends der Flüchtlinge und Vertriebenen sahen sich die Deutschen mehrheitlich als Opfer des Bombenkrieges – eine Haltung, die sich durch die Nürnberger Kriegsverbrecherprozesse mit dem unausgesprochenen Kollektivschuldvorwurf an das ganze deutsche Volk verfestigte. Dass nicht wenige ehemalige Nazifunktionäre nun sogar Karrieren in leitenden Positionen der Staatsverwaltung machten, förderte die Akzeptanz einer opportunistischen »Schlussstrichmentalität«, sich der unbequemen Erinnerungen lieber durch ein stillschweigendes Verdrängen zu entledigen.

Die Gedenkstätte Hinzert

Diese gespaltene Bewusstseinslage gegenüber dem Nationalsozialismus spiegeln aus Trierer Sicht einige bemerkenswerte Täterkarrieren. Obwohl bereits 1948 von dem französischen Militärtribunal in Rastatt mehr als ein Dutzend Mitglieder der Wachmannschaft des ehemaligen Sonderlagers und KZ Hinzert verurteilt worden waren, gelang es dem für die Ermordung von mindestens 183 Häftlingen verantwortlichen Lagerkommandanten Paul Sporrenberg, sich in Mönchengladbach, angeblich unerkannt, eine neue Existenz aufzubauen. Er starb 1960, kurz bevor das gegen ihn eingeleitete Strafverfahren eröffnet werden konnte. Zur gleichen Zeit verliefen auch die gegen Klaus Barbie (1913–1991), den berüchtigten Gestapochef von Lyon, geführten Ermittlungen wegen hundertfachen Mordes in Trier ergebnislos, weil ihm der amerikanische Geheimdienst unter falschem Namen die Flucht nach Bolivien ermöglicht hatte. Erst 1987 wurde er in Lyon wegen Verbrechen gegen die Menschlichkeit in 177 Fällen zu lebenslanger Haft verurteilt. Mit dem Juristen Wolfgang Reinholz amtierte beim Trierer Verwaltungsgericht ein ehemaliger SS-Sturmbannführer als Präsident, der 1943 in Kroatien als Einsatzgruppenleiter die Massenerschießungen von Frauen und Kindern mitorganisiert hatte. Er verstarb 1995 in Trier ganz unbehelligt. 1949 verhinderten allein parteipolitische Zwistigkeiten die Trierer Oberbürgermeisterkandidatur des Juristen Hans Globke, der 1936 die Nürnberger Rassengesetze kommentiert hatte – für Globke ein Glücksfall, da er daraufhin zum Staatssekretär im Kanzleramt von Konrad Adenauer avancierte.

An die Opfer der Gewaltherrschaft erinnern heute in Trier mehrere Mahnmale – seit 2005 die »Stolpersteine«, eine fortlaufende Gedenkaktion, die auch Schüler und Jugendliche zur selbsttätigen und kritischen Erinnerungsarbeit herausfordert.

Stolpersteine

»Den Opfern ihre Namen wiedergeben« ist der Leitgedanke des NS-Opfergedenkprojekts »Stolpersteine«, das der Kölner Bildhauer Gunter Demnig 1993 entwickelte und mittlerweile in über 100 Städten, seit 2005 auch in Trier, realisierte. Stolpersteine sind 10x10 cm große Beton-Pflastersteine mit Messingüberzug. Sie werden ebenerdig in den Gehweg vor den Häusern bzw. Orten verlegt, wo die Opfer vor ihrem Abtransport in die Vernichtungslager bzw. vor ihrem gewaltsamen Tod gewohnt haben. Die mit »Hier wohnte« beginnenden Inschriften nennen nur den Namen, das Geburtsjahr, das Jahr der Deportation, das Todesdatum und – soweit bekannt – den Todesort. Mit diesen spärlichen Angaben soll die selbsttätige Opfergedenk- und Mahnmalarbeit unter den Anwohnern und deren Nachfahren – besonders der jüngeren Generation – angestoßen werden. Das Gedenken erfolgt also dezentral, alltagsnah und unmittelbar auf den Lebensraum eines Opfers bezogen. Im Sinne dieser unmittelbaren Gedenkarbeit werden die Stolpersteine durch namentlich gewidmete Patenschaften finanziert, die nach Möglichkeit von ehemaligen Nachbarn oder Angehörigen der Opfer gespendet werden.

»Stolperstein«
(Gedenksteine vor den ehemaligen Wohnhäusern von NS-Opfern) Messing und Beton, Inv. Nr. X.954

NACHKRIEGSZEIT UND GEGENWART

Die Trierer Innenstadt wurde vor allem von den Bombenangriffen im Dezember 1944 schwer getroffen. Rund 17 % aller Häuser im Stadtgebiet wurden völlig zerstört, weitere 68 % beschädigt.

Zur stärksten politischen Kraft in Trier entwickelte sich auf kommunaler Ebene die CDU, die alle Oberbürgermeister der Nachkriegszeit bis 2007 stellte und durchgängig stärkste Partei war, allerdings seit 1948 nie mehr die absolute Mehrheit der Sitze im Stadtrat erringen konnte.

Eines der augenfälligsten Wiederaufbauprojekte war die von engagierten Bürgern und Bürgerinnen betriebene Wiedererrichtung der Steipe am Hauptmarkt, die 1970 abgeschlossen wurde.

Durch Eingemeindungen 1888, 1912, 1930 und 1969 dehnte sich Trier immer weiter in sein Umland aus. Nach dem Zweiten Weltkrieg wurden – vor allem auf den Höhen – mehrere neue Stadtteile angelegt. Vor den Toren der Stadt entstanden neue Gewerbe- und Industrieflächen. Vieles an alter Bausubstanz fiel der Abrissbirne zum Opfer. Einige der großen Bauprojekte waren umstritten und führten zu einem zwiespältigen Ergebnis. Auch die archäologischen Verluste sind immens. Trotz häufiger Notgrabungen gleicht Trier heute über weite Flächen einer »archäologischen Wüste«. In anderen ursprünglich heiß diskutierten Fällen herrscht mittlerweile Konsens, dass eine gelungene Lösung gefunden wurde, so im Falle des Domfreihofs und des Kornmarkts und vor allem der ab 1971 sukzessive ausgebauten Fußgängerzone. Trier ist jedoch vergleichsweise arm an Highlights moderner Architektur.

CDU-Plakat

Wesentliche Entwicklungsschübe verlieh der Stadt die 1970 gegründete Universität. Heute stellen die Studierenden von Uni und FH rund ein Fünftel der Wohnbevölkerung Triers.

Eine besondere Chance für Trier bedeutet die Konversion: Historische Gebäude und aufgegebene Militäranlagen werden neuen Nutzungen durch Wirtschaft, Kultur und Wissenschaft zugeführt.

Regelmäßige Großereignisse im Jahresablauf stellen die auf das Mittelalter zurückgehende Peter-und-Paul-Messe, der traditionsreiche Rosenmontagsumzug (seit 1856), der Weihnachtsmarkt, der als einer der schönsten Deutschlands gilt (seit 1980), das Altstadtfest (seit 1981), die Antikenfestspiele (seit 1998), das Europa-Volksfest (seit 1993), das Römerspektakel »Brot und

Spiele« (seit 2002) und die zahlreichen Weinfeste dar. Besonders viele Besucher zogen die 2000-Jahr-Feier 1984, die Heiligrockwallfahrt 1996 und die Landesgartenschau 2004, das bisher größte Ereignis der Stadtgeschichte, an.

Triers Partnerstädte sind – mit unterschiedlicher Intensität – Metz (Frankreich, seit 1957), Gloucester (Vereinigtes Königreich, seit 1957), Ascoli Piceno (Italien, seit 1958), Herzogenbusch (Niederlande, seit 1968), Pula (Kroatien, seit 1970), Fort Worth (USA, seit 1987), Weimar (damals DDR, seit 1987) und Nagaoka (Japan, seit 2006).

Seit 2000 ist Trier mit den drei anderen Oberzentren der Großregion – Metz, Saarbrücken und Luxemburg – im Rahmen der QuattroPole verbunden. Problematisch bleibt jedoch die mangelnde Einbeziehung der Stadt in die regionalen – und damit europäischen – Fernbahnverbindungen, zumal die drei anderen Städte ab 2007 an das TGV-Netz angebunden sind, Trier aber nicht mit den entsprechenden Verbindungen nach Paris vertaktet ist und nahezu alle Bahnverbindungen nach Deutschland über Koblenz laufen.

Der Hauptmarkt in den 1960er Jahren

Ein Trierer Reisebüro in den 1960er Jahren

Neu-Kürenz

Die Thermen am Viehmarkt (Oswald Matthias Ungers)

St. Michael in Mariahof

Die Universität Trier

Das WIP-Zentrum auf dem Petrisberg

Der Kornmarkt

»Brot und Spiele« 2005

Die Landesgartenschau 2004

Die Ausstellung »Trier unter der Trikolore« im Stadtmuseum Simeonstift 2004

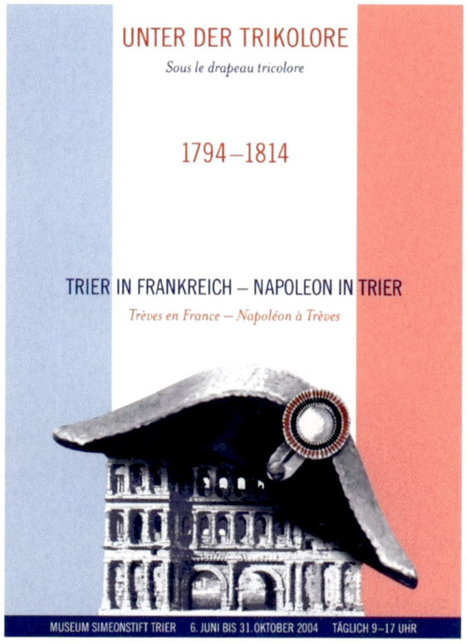

Oswald von Nell-Breuning (1890–1991)

Der wohl prominenteste Abkömmling der berühmten Trierer Familie von Nell wurde 1890 in der Lindenstraße geboren. Er besuchte, wie der zweite große Philosoph der Stadt, Karl Marx, das Friedrich-Wilhelm-Gymnasium, und wie jener verließ er seine Heimatstadt 17-jährig, um auswärts zu studieren. In Kiel, München, Straßburg, Berlin und Innsbruck belegte er die Fächer Physik, Mathematik, Theologie, Philosophie und Jura; als Autodidakt beschäftigte er sich mit Nationalökonomie. Er trat mit 21 Jahren in den Jesuitenorden ein, empfing 10 Jahre später die Priesterweihe, promovierte 1928 in Münster mit einer viel beachteten Arbeit über »Die Grundzüge der Börsenmoral« und wurde im selben Jahr Professor für Pastoraltheologie, Kirchenrecht, Gesellschaftsrecht und Wirtschaftsrecht an der Philosophisch-Theologischen Hochschule St. Georgen in Frankfurt am Main. Er gilt als geistiger Vater der Sozialenzyklika »Quadragesimo anno« Papst Pius' XI. von 1931, in welcher Probleme der Bodenreform, der Sozialbindung des Eigentums und der Mitbestimmung angesprochen werden.

Vom NS-Regime wurde Oswald von Nell-Breuning 1936 mit Schreibverbot belegt und 1944 zu drei Jahren Zuchthaus verurteilt.

Nach dem Krieg trat er leidenschaftlich für die Einheitsgewerkschaft und die paritätische Mitbestimmung ein. Er setzte sich intensiv mit den Schriften von Karl Marx auseinander; seine Kritik an dessen Lehre ging vielen nicht weit genug, auch erhoben sich immer wieder Stimmen, die Nell-Breunings Kapitalismuskritik als zu einseitig bezeichneten. Seit 1948 lehrte er außerdem an der Universität Frankfurt, die ihn 1956 zum Honorarprofessor ernannte. Ehrendoktorwürden wurden ihm in Theologie, Jura, Politik- und Wirtschaftswissenschaften von den Universitäten Frankfurt, Innsbruck, Münster und Tokio verliehen. Ergebnis seines ungemein produktiven Schaffens sind über 1800 Veröffentlichungen.

Der Theologe, Philosoph, Gesellschaftswissenschaftler und Politiker wirkte als Berater von Parteien, Gewerkschaften, Unternehmer und Sozialverbänden. »Nell-Breuning hat« – so Altbundeskanzler Helmut Schmidt – »die deutsche Sozialpolitik der Nachkriegszeit ganz wesentlich mitgeprägt«.

Seit 1981 war er Ehrenbürger der Stadt Trier. 1991 starb er im Alter von 101 Jahren in Frankfurt.

Porträt Oswald von Nell-Breuning, Alfred Hrdlička, Kaltnadelradierung, 1986, Inv. Nr. V.1458

TRIERER WIRTSCHAFT

Die Industrie- und Handelskammer Trier

Entwurf für ein Stadt- und Kaufhaus in Trier, A. Beck, Holzstich, 1857, Inv. Nr. V.1491

Von der Spätantike über das Mittelalter bis weit in die Neuzeit hinein erlebte Trier einen kontinuierlichen Bedeutungsverlust.

Durch die Krise des Weinbaus, der seit dem hohen Mittelalter das wichtigste Exportgut geliefert hatte, verblieb mit der Tuchproduktion seit dem 14. Jahrhundert nur noch ein bedeutendes und über Trier hinaus absetzbares Produkt. Mit dem Fortzug der Tuchmacher nach dem gescheiterten Reformationsversuch von 1559 entfiel auch dies. Der Niedergang der Trierer Wirtschaft beschleunigte sich dramatisch.

Erst die Französische Revolution und die napoleonische Zeit führten um 1800 zu neuen Impulsen, die jedoch nach der Eingliederung an Preußen ab 1815 rasch verpufften. Einen kurzen Aufschwung brachte die hier verspätet einsetzende Gründerzeit seit den 1890er Jahren, aber erst im letzten Drittel des 20. Jahrhunderts konnte Trier – trotz weiterhin ungünstiger Verkehrsanbindung – eine deutlichere Dynamik entfalten.

Zunehmende Bedeutung erlangte seit dem 19. Jahrhundert der Tourismus als Wirtschaftsfaktor, aber auch schon im Mittelalter hatte Trier große Scharen von Pilgern angezogen.

Klassische Produkte der Industriellen Revolution (Stahl, Tuche) fehlten weitgehend. Stattdessen verlegte Trier sich im 19. und 20. Jahrhundert neben der Lederproduktion (»Trierer Sohlleder«) auf Genussmittel (Wein, Sekt, Bier, Tabak) und auf Luxusprodukte (Porzellan, Rosen, Schmuck, Mode), die der Stadt freilich mehr Prestige als Wachstumsimpulse verliehen. Trier wurde zur »Stadt der schönen Dinge«.

Trier als Handelsplatz

Während sich zur Römerzeit das Wirtschaftsleben am Moselufer konzentrierte, bildete seit dem 10. Jahrhundert der Hauptmarkt vor dem Dombering den Kern der Stadt. Das städtische Kaufhaus stand auf dem späteren Kornmarkt und diente, wie dies seinerzeit üblich war, zugleich als Rathaus. Trier erlangte jedoch nach seiner antiken Blütezeit nie mehr überregionale Bedeutung als Handelsplatz.

Zur Römerzeit und dann wieder seit dem frühen Mittelalter war Trier eine recht bedeutende Münzstätte. Erst mit dem Fortzug des

Hofes nach Koblenz wurde im 15. Jahrhundert die Trierer Münze geschlossen. Erneut prägten hier die Kurfürsten im 17. und 18. Jahrhundert, darunter die verbreiteten »Petermännchen«, die den Stadtpatron Petrus zeigen.

Unter Erzbischof Balduin im 14. Jahrhundert war Trier – nicht zuletzt durch das Know-how der hier tätigen Juden und Lombarden – ein Geldhandelsplatz von zumindest regionaler Ausstrahlungskraft, stand allerdings weit hinter der Bankenmetropole Metz zurück. Die erste Bank der Moderne in Trier gründete zu Beginn des 19. Jahrhundert der aus Burgund stammende Jean Joseph Reverchon.

Heute hat Trier mit seiner hohen Dichte an Einzelhandelsgeschäften die Bedeutung eines Oberzentrums für die Region, das auch aus dem benachbarten Ausland gerne zum Shopping aufgesucht wird.

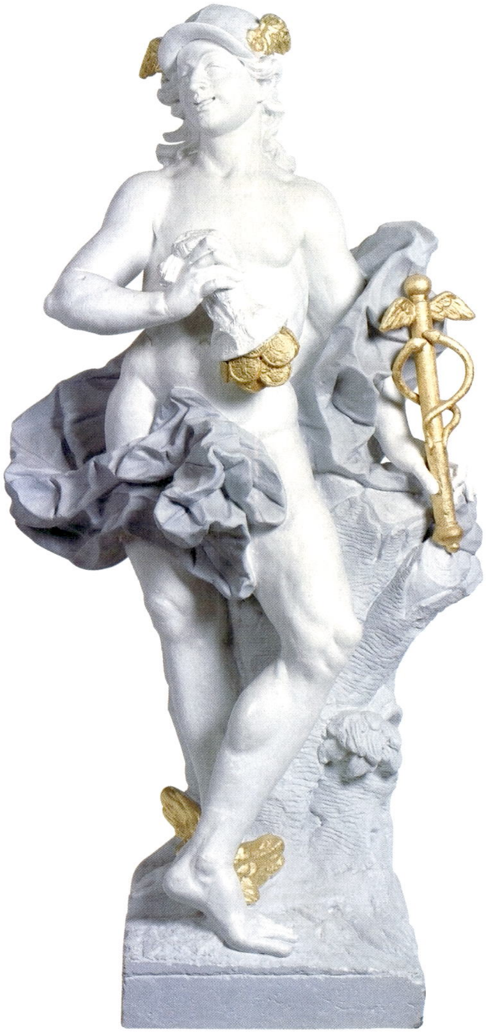

Merkur aus dem Skulpturen-Zyklus für das Kurfürstliche Palais, Ferdinand Tietz, Sandstein, um 1760, Inv. Nr. I.2

Markise (»Ladentuch«) der Fa. Imandt, Weberbach-, später Palaststraße, Leinen mit Bemalung, 1870, Inv. Nr. VII.377

Weinmaß aus St. Paulin, Trier, Bronze, 15. Jahrhundert, Inv. Nr. X.980

Stadttrierische Maße und Gewichte

Im mittelalterlichen Europa gab es eine Vielzahl von Maßen und Gewichten. Es wurde in Elle, Fuß, Spanne, Klafter und Finger gemessen, um nur eine kleine Auswahl zu nennen. Die Verwirrung steigerte sich noch dadurch, dass eine Größe oft auch noch unterschiedliche Namen hatte oder ein und dieselbe Bezeichnung unterschiedliche Größen umfasste. Hinzu kam, dass die Einheiten regional unterschiedlich groß waren. Ein Fuß in Trier war nicht mit dem Fuß in Köln identisch. Bis zur Einführung des metrischen Systems unter Napoleon waren die Kaufleute und Händler also vor ständige Umrechnungsprobleme gestellt.

Münze, Gewicht und Maße waren königliche Regalien. Mit der Übertragung des Marktrechtes an bestimmte Herrschaftsträger oder Städte wurde auch immer das Recht gewährt, über Maß und Gewicht zu bestimmen. Der Rat sorgte dann für die Richtigkeit der benutzten Maße. Bei Verstößen drohten harte Strafen. Üblicherweise wurden die Normalmaße und -gewichte im Rathaus aufbewahrt, denn mit ihnen mussten die in der Stadt gebrauchten Maße und Gewichte geeicht werden. Die Eichung nahmen Stadtbeauftragte vor; vierteljährlich wurden alle privaten Messgeräte auf die korrekte »Eich« (= Richtigkeit) und das Vorhandensein des Fronzeichens überprüft.

Das Aquarell von Gerhard Nauen aus dem Jahr 1571 stammt aus einem Protokoll, das die Stadt als Beweisstück ihrer Selbständigkeit im Konflikt mit dem Erzbischof Jakob von Eltz anfertigen ließ. Es zeigt unter anderem das voluminöse bronzene Salzmaß aus dem Jahr 1408, das zu den kostbarsten stadtgeschichtlichen Originalen zählt. In der Ausstellung ist darüber hinaus das städtische Biermaß zu sehen, das die Stadt während ihres vom 15. Jahrhundert bis zur Französischen Revolution herrschenden Brauereimonopols vorgab. Beim Wein allerdings vermochte die Stadt kein Bannrecht auszuüben. Die großen Klöster und Stifte mit umfangreichem Weingutsbesitz hielten ihre eigenen Maße, so auch das Stift St. Paulin, dessen Weinmaß aus Bronze ebenfalls im Stadtmuseum Simeonstift ausgestellt ist.

Trierer Maße und Gewichte, Gerhard Nauen, aquarellierte Zeichnung, 1571, Inv. Nr. III.137

Trierer Salzmaß, Bronze, 1408, Inv. Nr. X.142

Geldscheindose, Scherzgefäß in Form gebündelter Geldscheine, Porzellan, Anfang 19. Jahrhundert, Inv. Nr. VIII.269

Münzen von der Antike bis heute

Die Münzen dieser kleinen Schausammlung stehen beispielhaft für rund 2000 Jahre Münz- und Geldgeschichte Triers und des Trierer Raumes. Den Anfang macht ein römischer Denar aus der Zeit der Republik, der, wie Funde belegen, schon früh im hiesigen Raum als Zahlungsmittel benutzt wurde. Das römische Geldwesen inspirierte auch den hier ansässigen Keltenstamm der Treverer, eigene Münzen zu prägen, die im Gewicht und Aussehen den römischen Vorbildern glichen. Ihre Prägungen endeten mit der römischen Eroberung Galliens und der wirtschaftlichen Eingliederung in das Imperium Romanum, da nun genügend römische Münzen für die wirtschaftlichen Austauschbeziehungen zur Verfügung standen. Daneben waren diese Münzen das ideale Verbreitungsmittel der kaiserlichen Propaganda, die hier in künstlerisch hochwertiger Form umgesetzt wurde.

Mit dem Untergang des Römischen Reiches gegen Ende des 5. Jahrhunderts zerfiel auch dessen mehrstufiges Münzsystem. Die Franken prägten vornehmlich den goldenen Triens, das Drittelstück des einstigen römischen Solidus. Der hohe Kaufwert dieser Münzen, die vorwiegend in den Gebieten mit aktivem Fernhandel gefunden wurden, führte manchen Münzmeister in die Versuchung, statt einer vollwichtigen Goldmünze eine goldplattierte mit Kupferkern herzustellen. Man nennt die fränkischen Münzen, die sich anfänglich noch an oströmischen Vorbildern orientierten, auch »pseudo-imperiale« Prägungen. Erst gegen Ende des 6. Jahrhunderts wurde es üblich, auf den Münzen den Namen des Prägeortes und des zuständigen Münzmeisters zu nennen.

Ausbleibende Subsidienzahlungen der oströmischen Kaiser und das Fehlen einer nennenswerten eigenen Goldproduktion führten schließlich gegen Ende des 7. Jahrhunderts im Franken-

reich zur ausschließlichen Prägung von Silbermünzen, der sog. Denare, auf Deutsch Pfennige. Für die nächsten viereinhalb Jahrhunderte sollten sie den Geldumlauf Europas beherrschen. Die karolingische Münzprägung begann mit Pippin, der vermutlich schon einige Jahre vor seiner Königserhebung 751 in Trier Silberdenare schlagen ließ; sie wurde unter Karl dem Großen 793/94 grundlegend reformiert. Zwölf Denare hatten nun den Wert eines Schillings und zwanzig Schillinge den eines Pfundes. Dies waren jedoch lediglich Recheneinheiten; Schilling und Pfund wurden nicht ausgemünzt. Meistbekannter karolingischer Pfennig ist der Reichsdenar Ludwigs des Frommen. Er nennt nur den Namen des Herrschers und trägt auf der Rückseite die programmatische Umschrift »CHRISTIANA RELIGIO«. Als im gesamten nordalpinen Europa verbreitete Währung kann er als echter Vorläufer des heutigen Euro gelten. Mit dem Aufkommen der nationalen Königreiche seit dem Ende des 9. Jahrhunderts endete jedoch seine reichsweite Akzeptanz.

Nun entstanden kleinräumige Währungsgebiete unter dem Einfluss jeweils einer prägeaktiven Münzstätte. Ein typisches Beispiel stellt die lothringische Prägung auf kleinem Schrötling seit der Mitte des 12. Jahrhunderts dar. Die wachsende Monetarisierung der Geschäftsbeziehungen benötigte jedoch höhere Geldnominale als den ausschließlich geprägten Pfennig. Diese Lücke schloss der 1266 vom französischen König Ludwig IX. geschaffene Groschen im Wert von zwölf Turnospfennigen. Erstmals gab es nun die von den Karolingern geschaffene Recheneinheit Schilling in ausgeprägter Form. Die nächsthöhere Einheit, das Pfund, repräsentierte der 1354 auch in Trier geschlagene Goldgulden. Typologisch und metrologisch ähnelte er noch ganz dem 1254 erstmals ausgegebenen Florentiner Goldgulden.

Die wichtigste Silbermünze des 1385/86 von den rheinischen Kurfürsten begründeten rheinischen Münzvereins wurde der 1368 vom Trierer Erzbischof Kuno von Falkenstein geschaffene

Weißpfennig, später auch Albus genannt, im Wert von zwölf Hellern oder 24 Pfennigen. Zwanzig, später 24 Weißpfennige galten einen Gulden. Die mangelnde Versorgung der Trierer bzw. ab 1430 Koblenzer Münzstätte mit Edelmetall und eine damit verbundene geringe Ausprägungshöhe war ein Charakteristikum der kurfürstlichen Münze bis zu ihrem Ende 1794. Lediglich im Kleingeldbereich wurden die Petermännchen und seit 1689 die Dreipetermännchen in hohen Stückzahlen ausgemünzt; im Großsilberbereich dagegen dominierten fremde Taler im kurtrierischen Geldumlauf. Bezeichnenderweise stammte das Silber der letzten Münze des Trierer Kurstaates, ein Taler aus Koblenz, aus den Kirchenschätzen und von Privatleuten. Mit diesen Münzen sollte die Landesverteidigung gegen die Franzosen bezahlt werden – ein vergebliches Unterfangen.

Zu den vielen grundlegenden Reformen der Franzosen gehörte seit 1795 die Einführung ihres Münzsystems auf Dezimalbasis. Der französische Franc wurde unterteilt in zehn Décimes zu je zehn Centimes. Mit den Preußen wurde jedoch ab 1815 wieder die Talerwährung eingeführt. Ein Taler galt dreißig Silbergroschen zu je zwölf Pfennig. Die Münzhoheit der einzelnen Territorien endete mit der Reichsgründung 1871. Erste Reichsmünze war das goldene 20-Mark-Stück, geprägt aus den Goldzahlungen des besiegten Frankreich.

Der Erste Weltkrieg und die anschließende Inflation führten zur vollständigen Destabilisierung der Währungsverhältnisse, die erst mit Errichtung der Rentenbank und Ausgabe der Rentenmark 1923 sowie der Reichsmark im Jahr darauf geordnet werden konnten. Trotz französischer Besetzung wurde die Jahrtausendfeier der Rheinlande festlich begangen und mit einer Sondermünze gewürdigt.

Das Münzwesen des Dritten Reiches stand ganz im Zeichen der Kriegsvorbereitungen. Schon 1935 prägte man Münzen aus Ersatzmetall, um im Kriegsfalle sofort die Nickelmünzen einziehen zu können – wie die hier gezeigte Reichsmark von 1939, die nur noch teilweise zur Ausgabe gelangte.

Nach Kriegsende und der Einführung der Währungsreform trug die Mark seit 1950 die Aufschrift »BUNDESREPUBLIK DEUTSCHLAND«. Die staatsabhängige Umlaufbeschränkung endete dann 2002 mit der Einführung des Euro. Das neue Münzgeld steht wieder für ein Prinzip, das schon vor 1000 Jahren Gültigkeit hatte, nämlich europaweit akzeptiert zu werden.

Weinbau und Weinhandel

Schon die Römer haben in der Trierer Talweite Wein angebaut. Seit dem 12. Jahrhundert wurden die Weinlagen erheblich ausgeweitet. Nahezu alle geistlichen Institutionen und führenden Familien der Stadt waren daran beteiligt. Bis zur Krise des 14. Jahrhunderts – ausgelöst durch Klimaverschlechterung, Arbeitskräftemangel, Hunger und Seuchen und die Konkurrenz des Hopfenbieres – stellte Wein das wichtigste Exportgut der Stadt dar. Danach blieben viele Weinberge unbebaut, die Brachflächen dienten dem Obstanbau und insbesondere den regionaltypischen Nusskulturen. Riesling wurde im Trierer Raum spätestens seit dem 15. Jahrhundert angebaut.

Mit dem Niedergang des Tuchgewerbes im 16. Jahrhundert blieb der Weinhandel Triers einzige nennenswerte Einkommensquelle, jedoch erlebte die Weinwirtschaft im späten 18. Jahrhundert aufgrund des schlechten Rufes der Moselweine einen erneuten Einbruch. Heute kommt neben dem Wein vor allem der Sektkellerei große Bedeutung zu.

Historistisches Weinwerbeplakat, gedruckt bei Stephanus Trier, Chromolithographie, um 1910, Leihgabe des Stadtarchivs Trier

Ehrenpreis anlässlich des Önologen/Pomologen-Kongresses in Trier 1874, Silber, 1874, Inv. Nr. X.920

Kurfürstenhumpen, am Fuß datiert 1652, Glas mit Emailfarben bemalt, Böhmen, Inv. Nr. IX.23

»Josua und Kaleb bringen die Traube aus dem Gelobten Land«

Josua und Kaleb, die hier so leichtfüßig eine übergroße Weintraube am Stab zwischen sich tragen, sind Gestalten des Alten Testaments. Im Buch Numeri wird berichtet, wie Moses sie auf Befehl Gottes während des Wüstenzugs der Israeliten als Kundschafter in das Land Kanaan aussandte, um dessen Beschaffenheit auszuspähen. Bei ihrer Rückkehr nach vierzig Tagen beschrieben sie Kanaan als das »Gelobte Land«, in dem Milch und Honig fließen, und zeigten eine dort abgeschnittene Traube vor.

Gerade in einem alten Weinbaugebiet wie dem Trierer Land musste dieser Bericht von der Riesentraube auf besondere Gegenliebe stoßen, hofften doch die Winzer bei ihrer schweren Arbeit in den steilen Weinbergen Jahr für Jahr auf reiche Ernte. Weintrauben, schwer und reif wie die aus Kanaan, begegnen uns hier über Jahrhunderte hinweg als Symbol der Fruchtbarkeit und des Überflusses. Es wimmelt von Trauben- und Rebendarstellungen auf den Trierer Relikten aus der gallo-römischen Periode, von den Grabmalreliefs bis zu den Gegenständen des täglichen Gebrauchs wie Öllampen, Schüsseln, Krügen und Gläsern. In der Spätantike und im Mittelalter setzte sich diese Tradition fort, etwa mit Traubenplatten auf den Chorschranken der ältesten Kirche von St. Matthias, dem Tympanon mit Trauben und Weinblättern am Ostportal der gotischen Liebfrauenkirche oder mit der Darstellung des Gekreuzigten zwischen traubenbehangenen Rebstöcken auf einem spätmittelalterlichen Domfenster. Die christliche Interpretation von Traube und Wein hatte sich längst der Fruchtbarkeitsbeschwörung hinzugesellt. Christus als Wahre Traube, Maria als Wahre Rebe wurden nun in den lieblichen Traubenmadonnen der Rhein- und Mosellande symbolisiert. Und »Christus in der Kelter«: moselländische Reliefs, auf denen Christus die Trauben trat und mit seinem Kreuz als Kelterbalken auspresste, so dass sein Erlöserblut wie Wein aus seinem fünf Wunden herausfloss, waren eine drastische, den Winzern verständliche Bildpredigt.

Auch die Traube aus dem Land Kanaan hatte so bei der Entstehung dieses Gemäldes um 1700 längst eine zweite, christliche Bedeutungsschicht erlangt. Die beiden Männer mit der Weintraube an einer Stange wurden der Kreuztragung Christi gegenübergestellt. Die Traube symbolisierte den am Kreuz hängenden Christus. In einer weiteren Differenzierung galt der vordere Träger, der der Traube den Rücken zuwendet, als Vertreter des Judentums, der hintere, mit der Traube vor sich, als Vertreter des Christentums.

Das Gemälde ist, den damaligen Gepflogenheiten entsprechend, als Auftragsarbeit entstanden. Das Motiv legt nahe, dass eine der Trierer Abteien mit weitläufigem Weinbergsbesitz wie etwa St. Maximin das Gemälde bestellte, und zwar bei dem bereits erprobten und mit der Ikonographie vertrauten Maler Louis Counet. Er war ein aus Lüttich zugewanderten Künstler, der in Trier mit seiner Werkstatt zahlreiche Großaufträge für geistliche und weltliche Institutionen ausführte, u.a. auch die beiden im Trebeta-Saal ausgestellten Rathaus-Allegorien im Auftrag des Stadtrates. Ein heute untergegangener Zyklus von 20 Ölgemälden zum Benediktinerorden, den Counet im Auftrag der Abtei St. Maximin schuf, unterstreicht neben stilistischen Eigenheiten die Zuweisung des Gemäldes an ihn.

Linke Seite:
»Josua und Kaleb bringen die Traube aus dem Gelobten Land«, Louis Counet, Ölgemälde, um 1700, Inv. Nr. III.1419

Zunftlade des Trierer »Schreineramtes«, Nussbaumholz mit Maserfurnieren und Zinneinlagen, datiert 1635, Inv. Nr. VI.10

Handwerk und Zünfte

Zu keiner Zeit war Trier eine durch Gewerbe und Industrie wesentlich geprägte Stadt. Einziges nennenswertes Exportgut des späten Mittelalters waren die Tuche – bis zum Abzug der Tuchhersteller in Folge des gescheiterten Reformationsversuchs von 1559.

Wie andernorts war das Trierer Gewerbe in Bruderschaften bzw. Zünften organisiert, die seit Ende des 12. Jahrhunderts bezeugt sind. Sie verfolgten auch religiöse Ziele und besaßen politische Mitsprache an der Stadtherrschaft. 1514 schlossen sich zwanzig von ihnen zu einer Schwurvereinigung zusammen.

Letztlich hemmten die Zünfte mit ihren strengen Reglementierungen die freie Entfaltung des Gewerbes. 1798 wurden sie von der französischen Regierung aufgehoben, einige Jahre lang herrschte völlige Gewerbefreiheit. 1804 wurde die Handelskammer gegründet, die seit 1854 als Industrie- und Handelskammer bis heute fortbesteht. Seit Mitte des 19. Jahrhundert gab es seitens der Trierer Handwerker wieder Bestrebungen, die Gewerbefreiheit aufzuheben und sich zu Innungen zusammenzuschließen. Dies mündete schließlich 1897 in der Gründung der Handwerkskammer (zunächst in Saarbrücken).

Unten:
Prunkschatulle, Holz, Perlmutt und Papier, um 1800, Inv. Nr. VI.189

Nächste Seite:
Miniatur-Barockkommode, Nussbaum-Maserfurnier und Bandintarsien, um 1750, Inv. Nr. VI.62

Miniatur-Fassadenschrank, datiert 1665, mit 6 gleichdekorierten Schubladen im Inneren, Eiche, eingelegte und aufgeblendete Ornamente, 17. Jahrhundert, Inv. Nr. VI.188

Miniatur-Biedermeierkommode, Kirschbaumfurnier mit geschwärzten Säulchen, bronzene Löwenkopfgriffe, süddeutsch, um 1820, Inv. Nr. VI.191

Schatulle (Schmuck- oder Nähkästchen) mit den Initialen »J.M. – J.S.«, Nussbaumfurnier, Spätbiedermeier um 1840, Inv. Nr. VI.194

Miniaturmöbel – im Spannungsfeld zwischen Kunst und Spielerei

Möbelstücke im Klein- oder Kleinstformat spielen in der Möbel- und Kulturgeschichte eine besondere Rolle. Sie zeugen von der Freude des Menschen am Kleinen, an der Welt en miniature und sind aufgrund ihrer handwerklichen Qualität zugleich Ausdruck großer Kunstfertigkeit und technischer Perfektion. Das Stadtmuseum Simeonstift Trier verfügt über eine Spezialsammlung von Miniaturmöbeln, die in repräsentativer Auswahl in der stadtgeschichtlichen Ausstellung gezeigt werden. Aufgrund stilistischer Vergleiche, der verwendeten Materialien und der Verarbeitung ist davon auszugehen, dass die gezeigten Exponate in der Region Trier bzw. im süd- und südwestdeutschen Raum gefertigt und verwendet wurden.

Um Ursprung und Identität von Miniaturmöbeln im Allgemeinen rankten sich in der Vergangenheit verschiedene Legenden, welche die jüngere Forschung korrigiert hat. Bei dem Großteil der überlieferten Exponate handelt es sich weder um Modelle noch um Meister- oder Gesellenstücke. Gegen letztere Deutung spricht die Tatsache, dass gemäß den alten Handwerksvorschriften ausschließlich Arbeiten in Originalgröße als Prüfungsstücke anerkannt wurden. Nur im Format 1:1 konnte ein Handwerker – bei allem Respekt vor der Miniatur – seine Könnerschaft voll und ganz unter Beweis stellen. Demgegenüber existieren einige Beispiele für Modellmöbel, sie stellen aber höchst seltene Ausnahmen dar. Diese Stücke zeichnen sich dadurch aus, dass das großformatige Vorbild mit allen Details maßstabsgetreu im Kleinformat umgesetzt wurde. Das Gegenteil ist jedoch bei den meisten Miniaturmöbeln der Fall – die Proportionen sind so abgewandelt, dass die auf engstem Raum vereinigten Gestaltungselemente im Sinne eines stimmigen Gesamteindrucks größenmäßig gegeneinander ausgeglichen und harmonisiert werden. Deckplatten oder Knäufchen sind eigentlich zu dick, Säulchen zu mächtig oder Beschläge zu groß, um einer maßstäblichen Vergrößerung standhalten zu können.

So weit zur Begriffsklärung – doch um was handelt es sich nun bei diesen kleinen Möbeln? Die Antwort ist so einfach wie einleuchtend. Es sind Behältnisse zur Aufbewahrung persönlicher Gegenstände wie Schmuck, Geld, Münzen oder Nähzeug, denen ein geschickter Handwerker die äußere Gestalt eines Möbels verliehen hat. So auch bei den gezeigten fünf Exemplaren:

Eine geschweifte Kommode mit Nussbaum-Maserfurnier und Bandintarsien aus der Zeit um 1750 erscheint hier als typisches Beispiel einer Barockkommode; eine quaderförmige Kommode mit geschwärzten Säulchen, Kirschbaumfurnier und bronzenen Löwenkopfgriffen vermittelt den Eindruck einer süddeutschen Biedermeierkommode aus der Zeit um 1820. Aus dem frühen 19. Jahrhundert stammt auch eine mit Obstholz furnierte Prunkschatulle mit Perlmutteinlagen und Lackmalerei in Rot und Gold. Eine kleine, kassettenartige Schatulle mit einem nicht bestimmbaren Monogramm bezieht ihre Oberflächenwirkung vor allem aus ihrem lebendigen Nussbaummaserfurnier, das den stark geschweiften Korpus umkleidet. Die im Boden eingefügte Fächereinteilung sowie ein im Deckel angebrachter Spiegel sprechen für eine Verwendung als Schmuck- oder Nähkästchen.

Ein besonders aufwändig gestaltetes Miniaturmöbel rundet den kleinen Überblick ab. Der 1665 datierte repräsentative Fassadenschrank aus Eichenholz zeichnet sich sowohl durch seine kontrastreiche Schauseite mit eingelegten und aufgeblendeten Ornamenten aus hellem Holz auf dunklem Grund als auch durch ein verborgenes Innenleben mit sechs kleinen Schubladen aus, die in der gleichen Art dekoriert sind.

Ein Rokoko-Schreibschrank als Beispiel der Trierer Schreinerkunst

Große, über die Region hinaus bekannt gewordene Schreiner- oder Kunsttischlernamen, wie etwa die Roentgen-Werkstatt in Neuwied, sind für Trier und die Mittelmosel nicht überliefert. Für fast den gesamten umfangreichen und kostbaren Möbelbestand des Stadtmuseums Simeonstift gilt, dass die herstellenden Handwerker anonym geblieben sind. Die Anfertigung im Stadtbereich oder in der Region kann zwar meist an Hand der Provenienzen und durch Übereinstimmungen in der Gestaltung wie in den bevorzugten Hölzern festgestellt werden. Das einzelne Möbelstück aber lässt sich mangels Signaturen oder Nachrichten zu Werkstätten kaum einem konkreten Schreiner zuordnen, obwohl das um 1350 begonnene und bis 1797 ununterbrochen weitergeführte Bruderschaftsregister erhalten ist. Einige wenige Ausnahmen gelten für Trierer Kirchenmobiliar des Barock, z.B. für die noch vorhandenen Beichtstühle in St. Matthias, die von dem Trierer Schreiner Matthias Martin geschaffen wurden, oder für die heute verlorene Innenausstattung des Rokokoflügels des Kurfürstlichen Palais, an der Adam Lürtz (Lortz) und der Kabinettschreiner Wolfgang Xaver Ehrlich beteiligt waren.

Nach dem derzeitigen, noch unbefriedigenden Forschungsstand lässt sich daher die Trierer Möbelkunst erst ab dem 18. Jahrhundert und nur in Grundzügen beschreiben: Sie war eine vorwiegend bürgerliche Kunst, die sich den Einflüssen benachbarter Regionen willig öffnete, den süddeutschen ebenso wie denen aus dem Niederländischen und Lothringen. Ein starker bäuerlicher Einschlag, vom nahen Eifel- und Ardennenraum übernommen, zeigt sich in der häufigen Verwendung von Nussbaum- oder Eichenholz und der Verzierung durch zurückhaltendes Schnitzwerk für Truhen, Geschirrschränke, Kommoden und Bodenstanduhren, beispielsweise bei der hier ausgestellten Uhr von Jean Schmit. Zu diesem sog. »Aachen-Lütticher Stil« kamen lothringische Elemente hinzu, dies besonders bei den großen Wäscheschränken, die zum Hausrat der wohlhabenden Bürger gehörten. Die Trierer Abart des Lothringer Dielenschrankes mit geschweiftem Giebel und einer Fassadengliederung mit geschwungenen, profiliert eingefassten Füllungsflächen ist im Museumsbestand mehrfach vertreten.

Sobald es sich jedoch um die Anfertigung großbürgerlicher Möbelstücke wie der beliebten Schreibsekretäre des Hochbarock und Rokoko handelte, wirkten sich Vorbilder süddeutscher Möbelkunst, insbesondere aus dem produktiven Mainzer Raum, prägend aus. So entstanden auch in Trier Schreibmöbel und Kommoden mit prächtiger Marketerie, bei denen der gesamte Baukörper mit zu Bildern oder Ornamenten zusammengesetzten Furnieren aus verschiedenen Hölzern, auf das Kernholz aufgeleimt, überzogen wurde.

Ein hervorragendes Beispiel stellt der wohl um 1750 von der Trierer Küferzunft in Auftrag gegebene Rokokoschreibschrank dar, der mit einem Lamm Gottes und Küferwerkzeugen in den Krallen eines Doppeladlers dekoriert ist. Die Küferzunft war eine der reichsten Innungen der Stadt und umfasste auch die Weinhändler. In ihren Dokumenten, z. B. den Gesellenbriefen, führte sie ebenfalls das hier gezeigte Wappentier. Weitere Informationen zur Entstehung des prunkvollen Schreibmöbels sind nicht bekannt. Seine zeitweise Zuordnung zur Benediktinerabtei Prüm mit dem Salvatorlamm als Wahrzeichen vermag nicht zu überzeugen; denn das Agnus Dei mit Kreuzstab und Kreuzbanner als mystischer Hinweis auf das himmlische Jerusalem zierte schon das Trierer Marktkreuz aus dem Jahre 958, das hier im Trebeta-Saal ausgestellt ist.

Der Aufbau des Schreibschrankes aus einer dreischübigen Kommode, einem Pultschreibfach und dem Oberteil mit 9 Schubladen, die um eine mittlere Nischentür, den »Tabernakel«, angeordnet sind, weist auf einen Typus von Schreibmöbel hin, der in Mainz und Würzburg gängig war. Dasselbe gilt für die Marketerie, insbesondere die Parkettierung der Schreibklappe mit hellen und dunklen Furnierstreifen. Als Besonderheit präsentiert sich allerdings die Kombination mit

Rokoko-Schreibschrank, wohl im Auftrag der Trierer Küferzunft gefertigt, reiche Marketerie, vorwiegend aus Nussbaumfurnier, seitlich und als Bekrönung sehr bewegte Rokoko-Schnitzereien, vergoldete Bronzebeschläge, um 1750, Inv. Nr. VI.7

dem reichen Rokokoschnitzwerk, das den gesamten Schreibschrank einrahmt und ihm durch die bewegte Silhouette Eleganz und Leichtigkeit verleiht.

Das prächtige Möbel erreicht sicherlich eine Qualitätsstufe, die auch den Anforderungen des Kurfürstliches Hofes zur Ausstattung seiner Schlösser genügt hätte. Solche Aufträge des in Koblenz residierenden Kurfürsten an Trierer Handwerker dürften jedoch nur spärlich erteilt worden sein. Fest steht, dass die Fürstenhöfe des 18. Jahrhunderts, die »à la mode« mithalten wollten, bevorzugt Möbel und Pendulen in Paris orderten. Im Falle der drei letzten Trierer Kurfürsten kamen auch die erste Garnitur der Kunsttischler in Süddeutschland und vor allem die der Residenz nahegelegene Roentgen-Werkstatt in Neuwied als Lieferanten hinzu.

Uhren und Uhrmacher in Trier

Die Trierer Uhrengeschichte beginnt in der Antike. Römische Sonnenuhrenfragmente und das bekannte Rundmosaik aus dem 3. Jahrhundert n. Chr., das den legendären Erfinder der Sonnenuhr Anaximander von Milet zeigt, kamen bei Ausgrabungen im Stadtbereich zutage. Auch im hohen Mittelalter regelte noch eine Sonnenuhr das Marktgeschehen: Sie war auf dem im Jahre 958 von Erzbischof Heinrich errichteten Marktkreuz angebracht, das im Original im Trebeta-Saal, in Kopie auf dem Trierer Hauptmarkt zu besichtigen ist.

Erst um 1500 eroberten dann die rund 200 Jahre zuvor erfundenen gewichtsgetriebenen Räderuhren auch die Trierer Kirchtürme. Schlosser erbauten die beiden eisernen Großuhren, die auf dem Gangolfsturm und dem sog. Greiffenklauturm an der Westfassade des Domes installiert wurden. Sie gingen leider, trotz der eigens zur Wartung angestellten Stadt- und Domuhrmacher, über Jahrhunderte hinweg nicht synchron.

So nimmt es nicht wunder, dass sich wohlhabende Bürger eigene Uhren zulegten, entweder die um 1500 entwickelten tragbaren Taschenuhren (»Sackuhren«) oder zierliche Tischuhren mit Federaufzug, die vor allem in Süddeutschland hergestellt wurden.

Eine besondere Vorliebe entwickelten die Trierer offensichtlich für den eigenen kleinen Uhrenturm in Form der gewichtsgetriebenen Bodenstanduhr, die sich seit der Erfindung des Langpendels um die Mitte des 17. Jahrhunderts mit großer Geschwindigkeit verbreitete. Auch die noch weiterhin der Schmiedezunft angehörenden Trierer Uhrmacher verlegten sich vornehmlich auf die Herstellung von Bodenstanduhren, zu denen örtliche Schreiner die Uhrenkästen lieferten. Sie waren häufig aus Nussbaumholz gefertigt wie die hier präsentierte Bodenstanduhr des Trierer Uhrmachers Jean Schmit (1730–1805) mit 8-Tagelaufwerk, Stunden- und Vierviertelschlag, entstanden um 1760/70.

Jean Schmit steht nach der Zahl der überlieferten Uhren seiner Hand, zu denen auch Pendulen und Taschenuhren gehören, an der Spitze der Trierer Uhrmacher des Barock, unter denen noch Martin Burger, Franz Ludwig Karel oder Michael Wilger hervorzuheben wären. Zu Beginn des 19. Jahrhunderts aber tritt mit dem Trierer Nicolaus Schlöder

(1790–1867) ein hochtalentierter und in Frankreich ausgebildeter Stadt- und Domuhrmacher auf, der technische Meisterleistungen wie einen noch heute einwandfrei laufenden Präzisionsregulator mit Jahresgangdauer geschaffen hat und uns auch bei den liebenswerten Spielereien der Biedermeier-Bilderuhren im Museumsbestand begegnet.

Schlöder stand am Ende einer langen Versuchskette, die Zeit autark und ohne überregionale Einbindung exakt zu bestimmen. Seit der Mitte des 19. Jahrhunderts lieferte die am Trierer Postamt angebrachte Postuhr, die länderübergreifend an elektromagnetische Telegraphenstationen angeschlossen war, die hoheitlich für verbindlich erklärte Uhrzeit, und im Jahre 1893 wurde die MEZ, die Mitteleuropäische Zeit, als Einheitszeit für ganz Deutschland eingeführt.

Unter dem Titel »Uhren in Trier« vermittelte im Jahre 1992 eine Ausstellung im Stadtmuseum Simeonstift einen umfassenden Überblick über die eigene Uhrensammlung und die Trierer Uhrengeschichte im Allgemeinen. Der Katalog zur Ausstellung ist im Museums-Shop noch erhältlich.

Linke Seite:
Bodenstanduhr
»JOHSCHMIT IN TRIER«, 8-Tage-Gehwerk, 2 Schlagwerke (Stunden- und Vierviertelschlag), Nussbaumkasten, um 1760/70, Inv. Nr. VI.91

Unten:
Pendule
»JOHAN SCHMITT TRIER«
(Pendule im Neuenburger Stil), 8-Tage-Gehwerk, Schlagwerk, Zugrepetition mit getrenntem Laufwerk, Inv. Nr. X.951

»Frau Peter Lambert, silbriglachsrosa blühende Rose (Teehybride)« des Trierer Rosenzüchters Nicolaus Welter aus dem Jahre 1902, vorgestellt in der »Rosen-Zeitung« 19. Jahrgang Nr. 6, Dezember 1904

»Frau Lilla Rautenstrauch, kupfrig orangerote, fleischrosa umsäumte und starkduftende Rose (Teehybride)« des Trierer Rosenzüchters Peter Lambert aus dem Jahre 1902/03, vorgestellt in der »Rosen-Zeitung« 20. Jahrgang Nr. 2, Mai 1905.

Manufakturen und Fabriken

Die in napoleonischer Zeit mit staatlicher Hilfe gegründete Porzellanmanufaktur produzierte hochwertige Ware, blieb aber Episode und musste nach 12 Jahren ihre Pforten schließen. Das Stadtmuseum Simeonstift besitzt eine überaus kostbare und umfangreiche Sammlung Trierer Porzellans.

Von der Industriellen Revolution wurde Trier, im Gegensatz etwa zu Saarbrücken oder dem lothringisch-luxemburgischen Industriegebiet, nicht erfasst. Wichtigster Erwerbszweig war seit Beginn des 19. Jahrhunderts die Tabakindustrie, die bis heute den größten privaten Arbeitgeber in Trier stellt. Auch das Ledergewerbe spielte eine bedeutende Rolle; das sog. Trierer Sohlleder war weithin gefragt. Während die Lederherstellung Männersache war, wurden in den Tabakfabriken viele Frauen und Kinder beschäftigt. Auch klassische Industrieprodukte wie Tuch und Eisen fertigte man in Trier, allerdings in meist nur mittelständischen Betriebsgrößen. Daneben waren die Brauereien bzw. sind heute die Sektkellereien von einiger Bedeutung. Industrielle Züge trug auch die Rosenzüchtung, die um 1900 weltweiten Rang erlangte.

Lohgerberei Franz Schmidt, Werbeanzeige in »Deutschlands Städtebau – Trier«, bearbeitet von Gottfried Kentenich, DARI (Deutscher Architektur- und Industrie-Verlag) Berlin-Halensee, 1922

Die Sektkellerei Herres, 2005

Diese Seite:
Kratervase mit Firmenaufschrift der Porzellanmanufaktur, ehemaliger Bestand des Moselmuseums, verschollen

Service mit Trier-Ansichten und revolutionären Trophäen: Kaffeekanne, Teekanne, Zuckerdose, Milchgießer, Spülkumme, 4 Tassen, 8 Untertassen, Porzellanmanufaktur Trier, Porzellan, Anfang 19. Jahrhundert, Inv. Nr. VIII.194.a–q

Nächste Seite:
Porträt des Kaufmanns Peter Marx, Inhaber der Trierer Porzellanmanufaktur in preußischer Zeit, Stephan Hawich, Ölgemälde, um 1820, Inv. Nr. III.264

Mädchen mit Porzellanservice, Geppert, Ölgemälde, um 1830, Inv. Nr. III.266

Kaffeekanne aus einem Service mit mattblauem Fond, Goldstreublumen und Blütenbordüre, Porzellanmanufaktur Trier, Porzellan, Anfang 19. Jahrhundert, Inv. Nr. VIII.197.a

Trierer Porzellan

Porzellan wurde 1710 erstmals in Europa hergestellt und entwickelte sich im Laufe des 18. Jahrhunderts zu einem äußerst prestigeträchtigen Wirtschaftszweig. Die Produktion des »weißen Goldes« war meist eng an die Höfe gebunden und wurde von deren Fürsten gefördert. Die Gründung der Trierer Porzellanmanufaktur erfolgte zu einem relativ späten Zeitpunkt, die Produkte dienten nun nicht mehr der höfischen, sondern der bürgerlichen Repräsentation.

Seit 1798 war Trier Hauptstadt des französischen Saar-Departements. Napoleons Wirtschaftspolitik setzte auf Förderung des heimischen Gewerbes, und so wurde auch Christian Joseph Deuster Unterstützung gewährt, als er in den Jahren 1807/08 im säkularisierten Martinskloster am Trierer Moselufer eine Porzellanmanufaktur einrichten wollte. Deuster, in Bundenbach im Hunsrück geboren, hatte bereits in Paris eine Porzellanmanufaktur betrieben, die jedoch 1804 in Konkurs gegangen war. Da er zwar über die Erfahrung, nicht aber über die finanziellen Mittel verfügte, übernahm ein Konsortium hoher französischer Beamter als Aktiengesellschaft die Trägerschaft der Manufaktur in Trier. Die zum Kloster gehörige, direkt an der Mosel gelegene Mühle erlaubte die einfache Anlandung und Aufbereitung der Rohstoffe, welche man anfangs aus Limoges, später dann aus der Eifel und von Passau bezog. Die Produktion begann spätestens Anfang 1809.

Die Manufaktur entwickelte sich rasch zu einem Großunternehmen. In zwei Rundöfen nach dem Vorbild von Sèvres wurden jeweils 50 Services pro Woche gebrannt, rund 80 Angestellte waren mit der Produktion beschäftigt. Doch die Blütephase des Unternehmens währte nicht lange, die Eroberung Triers durch die Preußen führte zu einer Einschränkung der Produktion und schließlich zur Auflösung der Aktiengesellschaft im März 1815. Ein knappes halbes Jahr später ersteigerte der Kaufmann Peter Marx, bis dahin Inhaber einer Aktie, die Manufaktur und führte den Betrieb in der preußischen Zeit weiter. Aufgrund mangelnder Rentabilität, steigender Kosten bei der Beschaffung der Rohstoffe und zunehmender Konkurrenz durch industriell gefertigtes Steingut wurde die Produktion spätestens im Januar 1821 eingestellt.

Die Produktpalette umfasste Kaffee- und Teeservices, Ziertassen, Déjeuners, Vasen und Pfeifenköpfe. Außer Weißware wurde auch bemaltes Porzellan angeboten, wobei neben einfachen

Dekoren, Phantasielandschaften und figurativen Motiven aller Art vor allem Ansichten der Stadt Trier und ihrer Umgebung zu nennen sind. Im Zuge des an der Mosel einsetzenden Tourismus gehörten die Ansichten der Trierer Baudenkmäler und Antiken zu den beliebtesten Motiven. Noch bevor graphische Ansichtenmappen die antike Größe und den Reiz der Mosellandschaft über die Grenzen der Stadt hinaus bekannt machen sollten, war es dem Porzellan der Trierer Manufaktur vorbehalten, dieses Lebensgefühl der Zeit zu artikulieren. Unter dem Titel »Für Bürger und Fremde, die auf Eleganz halten – Trierer Porzellan« erlaubte eine vielbeachtete Ausstellung des Stadtmuseums Simeonstift im Jahre 2000 erstmals einen Überblick über die exquisite Produktion. Der zugehörige, reichbebilderte Katalog ist im Museums-Shop noch erhältlich.

Die Quinter Eisenhütte

Quint lag ursprünglich 5 römische Meilen (rund 6 km) nördlich von Trier und wurde 1969 eingemeindet.

Hier hatte der 18 Jahre alte, aus Lothringen stammende und später geadelte Franz Pidoll 1683 eine Eisenhütte gegründet, wofür er eine Konzession des Kurfürst-Erzbischofs Johann Hugo von Orsbeck erhielt. Vor allem die Ofen- und Takenplatten und danach die kompletten Öfen – wie der hier gezeigte Etagen- oder Zirkulierofen mit Empire-Ornamenten – waren Grundlage des Erfolges der Hütte und überregional gefragt; seit der Mitte des 19. Jahrhunderts stand jedoch die Herstellung von Eisenbahnschienen klar im Vordergrund. Nach der Zahl der Beschäftigten und Bedeutung ihrer Produkte übertraf die Quinter Hütte sämtliche Trierer Gewerbebetriebe bei weitem.

Ab 1857 wurde für über 30 Jahre auch Erz im nahe gelegenen Schweich abgebaut, ab 1872 hatte die Hütte einen eigenen Bahnanschluss. Zwei Jahre später wurde sie in eine Aktiengesellschaft umgewandelt und saniert, dabei musste man die Hälfte der 1200 Beschäftigten entlassen. Obwohl der Betrieb danach wieder gesundete, wurden 1890 der letzte Hochofen abgebrochen und 1925 das Walzwerk geschlossen.

1918 fiel die Quinter Hütte an den französischen Konzern Aumetz-Friede, der später seinerseits in den Klöckner-Werken aufging. Noch bis 1960 hatte die traditionelle Ofenherstellung in Quint Bestand. 1972 wurde das Werk endgültig geschlossen.

Dreistufiger Etagenofen mit Empire-Ornamenten, Quinter Hütte, Gusseisen, 1. Viertel 19. Jahrhundert, Inv. Nr. X.987

Grundriss der Quinter Eisenhütte, kolorierte Zeichnung, um 1850, Inv. Nr. IV.366

Caspary-Bierflasche mit Etikett »Caspary Export Petrusbräu«, Glas, 1962, Inv. Nr. IX.200

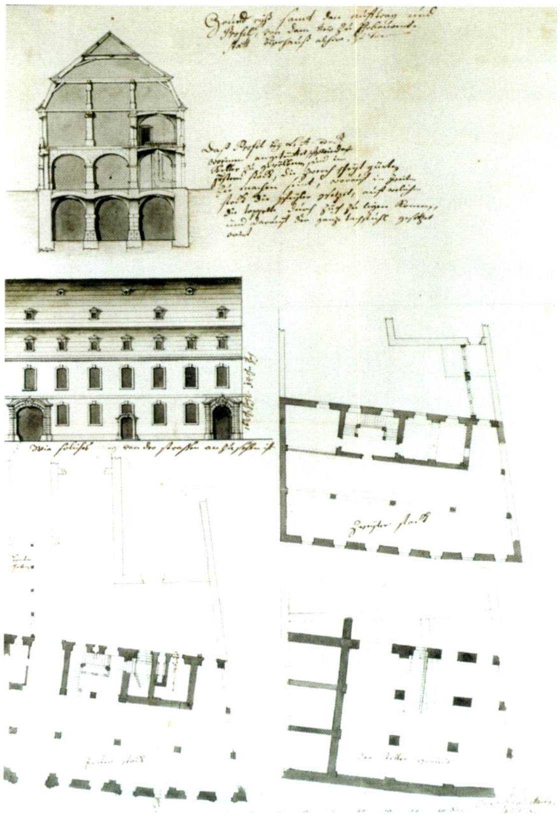

Entwurfszeichnung für ein Bierhaus in der Brotstraße (heute Nr. 51), Johannes Seiz, 1756, Inv. Nr. IV.324

Trierer Brauereien im Rückblick

Wohl seit dem frühen Mittelalter wurde in Trier gebraut. Die Produktion erfolgte vorwiegend über die Klöster und Stifte, erlangte jedoch keine besondere Bedeutung. Mit der Krise des Weinbaus im späten Mittelalter engagierte sich dann der Stadtrat selbst in der Bierproduktion. Um jene Zeit verbreitete sich von Norddeutschland und den Niederlanden aus der Hopfen, der das Bier haltbarer und exportfähig machte. Zunächst kaufte die Stadt den Hopfen auf dem Kölner Markt, ging dann aber rasch zu eigenem Anbau über. Zudem gelang es dem Rat, das Braumonopol an sich zu ziehen und die geistlichen Institutionen aus der Bierproduktion zu verdrängen; auch Bierimporte waren im 16. Jahrhundert verboten. Zwei städtische Biermeister vergaben das Schankrecht an die Gastwirte.

Im 19. Jahrhundert verlegten sich zunächst kleine Betriebe auf das Bierbrauen: 15 Unternehmen mit gerade einmal 38 Arbeitsplätzen.

1826 eröffnete der aus Bernkastel zugezogene Johann Baptist Caspary eine Brauerei in der Krahnenstraße, die ein paar Jahre später in die Fahrstraße und 1873 nach Heiligkreuz verlegt wurde. In den 1970er Jahren übernahm die Binding Brauerei die Brauerei Caspary, 1982/83 stellte sie die Produktion ein.

Die Löwenbrauerei wurde um 1874 in der Brotstraße gegründet und zog wenig später an den Hang des Petrisberges um. 1988 übernahm die saarländische Karlsberg-Brauerei das Unternehmen und produzierte in Trier bis 1993. Die beiden großflächigen Fabrikationsanlagen der Caspary- wie der Löwenbrauerei wurden abgerissen.

Seit 1998 belebt die kleine Privatbrauerei Kraft-Bräu in Olewig die alte Trierer Brautradition neu.

Raucher mit Bierkrug, Adriaen van Ostade zugeschrieben, Öl auf Holz, um 1670/80, Inv. Nr. III.842

Raucher im Maleratelier, Utrechter Malerschule, Öl auf Holz, 17. Jahrhundert, Inv. Nr. III.946

Die Trierer Tabakindustrie

Bereits im 18. Jahrhundert gab es in Trier zwei Tabakmanufakturen, eine weitere kam 1809 hinzu. Der eigentliche Aufschwung dieses für die Stadt so wichtigen Industriezweiges setzte jedoch erst in preußischer Zeit in der ersten Hälfte des 19. Jahrhunderts ein.

Grundlage für die Tabakindustrie war der damals bedeutende Anbau in der Wittlicher Senke. Nach dem Niedergang der traditionsreichen Tuchindustrie und der Schließung der kurzlebigen Porzellanmanufaktur wurde sie in preußischer Zeit zum wichtigsten Gewerbezweig mit zeitweise 11 Fabriken und zusammen deutlich über 100 Beschäftigten.

Die größte Tabakfabrik war Anfang des 20. Jahrhunderts die der Gebr. Grenzhäuser, die 1875 in der Weiherstraße gegründet worden war. Sie vertrieb Tabakmarken mit so klangvollen Namen wie »Trierer Canasta«, »Moselblümchen«, »Treviris« und »Steipentabak«.

Seit 1925 war die luxemburgische Tabakfirma Heinz van Landewyck am Zuckerberg ansässig; bis heute produziert sie in der Niederkircher Straße im Gewerbegebiet Euren.

Eine überaus traditionsreiche Trierer Zigarettenfabrik besteht in anderer Form bis heute: 1865 verlegte Johann Neuerburg seine Tabak- und Zigarrenfabrik von Wittlich nach Trier. Unabhängig davon wurde 1908 die Zigarettenfabrik Haus Neuerburg gegründet. Sie siedelte 1928 mit der Firmenzentrale nach Köln um, zeitweise fusionierte das Unternehmen mit der Firma Reemtsma, von 1960 bis 1999 war J. R. Reynolds Tobacco Mehrheitseigner. 1971 wurde im damals neuen Gewerbegebiet Euren auf dem Gelände des ehemaligen Militärflugplatzes eine neue Produktionsstätte erbaut. 1999 verkaufte Reynolds alle Werke außerhalb der USA an die Japan Tobacco International. Das Trierer JTI-Werk gehört zu den technologisch führenden Zigarettenproduktionsstätten der Welt, ist das weltweit zweitgrößte des Konzerns und der größte private Arbeitgeber der Stadt. Über 1400 Beschäftigte stellen hier über 5 Milliarden Zigaretten im Jahr, also rund 1,5 Millionen am Tag, her.

Schnupftabakdose mit Schulszene, Fa. Stobwasser (Braunschweig oder Berlin), Papiermaché, Lackmalerei, 1. Hälfte 19. Jahrhundert., Inv. Nr. X. 611

Golddose mit eingelassener Elfenbeinminiatur, Ciovino & Frères Truffino, Amsterdam, Hofjuweliere von König Louis Napoléon, die Miniatur signiert »Htt Jügel« (Henriette Jügel, Berlin), Amsterdam, um 1806–10, Inv. Nr. X. 603

Ovale Tabatière, Email mit Flechtmuster, Frankreich, um 1760, Inv. Nr. X. 600

Verpackung für Tabak der Fa. Grenzhäuser: »Steipen Tabak«, Fritz Quant, Lithographie, 1924/25, Inv. Nr. V.87

Tourismus

Schon seit dem Mittelalter wurde Trier mit seinen zahlreichen Heiligtümern von vielen Pilgern besucht. Seit Einsetzen des Rhein- und Moseltourismus zur Zeit der Romantik, an dem die Engländer wesentlich beteiligt waren, standen demgegenüber die römischen Großbauten mehr im Vordergrund.

Heute bildet der Tourismus eine wesentliche Grundlage des Wirtschaftslebens der Stadt. Römerbauten und Kirchen, aber auch die Museen und das Karl-Marx-Haus ziehen Jahr für Jahr Hunderttausende von Touristen an. Unter den ausländischen Besuchern kommen die meisten aus den Niederlanden und aus China. Auch Triers Funktion als Oberzentrum und Einkaufsstadt sowie kulturelle Großveranstaltungen wie die Antikenfestspiele tragen zur Attraktivität für Besucher und Bürger bei. Der Trierer Einzelhandel profitiert dabei von vielen Kunden aus dem benachbarten Ausland. Insbesondere die dortigen Feiertage werden gerne für eine Shoppingtour nach Trier genutzt.

Das Trierer Hotelgewerbe verzeichnet jährlich über 700.000 Übernachtungen. Die Zahl der Tagestouristen liegt bei 3–4 Millionen im Jahr.

Ohne Titel (Trierer Piktogramme: Marktkreuz – Augustus – Säulenkapitell)
Erich Kraemer, Ölgemälde, 1950er Jahre, Inv. Nr. III.1484

Souvenirs aus Trier,
um 2006

Clarkson Stanfield, Der Maler im Boot – Früher Moseltourismus

Der Beginn der künstlerischen Auseinandersetzung mit der Mosel und der Landschaft zwischen Luxemburg, Trier und Koblenz steht in engem Zusammenhang mit der touristischen Erschließung des Moseltales. In der Tradition der seit Mitte des 16. Jahrhunderts für Angehörige des Adels üblichen Bildungsreisen – auch »Grand Tours« genannt – unternahmen in der Neuzeit Söhne wohlhabender Bürger, vorwiegend aus England, große Reisen auf den Kontinent. Auf der Suche nach der ursprünglichen, von Menschenhand noch unberührten Natur waren zunächst die Schweizer Alpen, aber auch das Rheintal und später seine Nebentäler bevorzugtes Reiseziel. Dabei entsprach der idyllisch-arkadische Charakter des Moseltales dem von Claude Lorrain beeinflussten Landschaftsideal der Engländer in besonderer Weise. Begleitet wurden die Reisenden von Malern, die die Landschaft auf Leinwand und Papier festhielten. Das Reisebild diente zum einen als Erinnerung, zum anderen aber auch als Ersatz für diejenigen, die keine beschwerlichen Fahrten unternehmen konnten, bzw. als Reiseführer für diejenigen, die eine Reise planten. Ansichtenmappen mit Stichen oder Lithographien der Mosellandschaft erfreuten sich großer Popularität, wie z.B. die von Clarkson Stanfield 1838 in London veröffentlichte Mappe mit lithographierten Ansichten der Mosel, des Rheins und der Maas (»Sketches on the Moselle, the Rhine, & the Meuse«). Als deren Titelblatt fungiert »Der Maler im Boot«, eine Art Selbstporträt Stanfields beim Skizzieren der Landschaft von der Flussmitte aus. Dabei soll der enge Kahn samt Steuermann vor hochgetürmter Bergkulisse auch die Mühsal und Gefährlichkeit solcher Expeditionen deutlich machen. Stanfield, der zu Beginn seiner Karriere als Bühnenmaler tätig war, schuf keine topografisch exakten Abbildungen, sondern – den damaligen Kunsttheorien und dem Zeitgeist entsprechend – romantisch-verklärte Idealansichten der Mosel, die an pittoresker Wirkung die tatsächlichen örtlichen Gegebenheiten übertrafen. Die englischen Künstler begründeten damit eine Tradition in der romantischen Charakterisierung der »lieblichen Mosel«, die bis heute nachwirkt.

Die Probe aufs Exempel lieferte die Ausstellung »Im Bilde reisen – Moselansichten von William Turner bis August Sander«, die das Stadtmuseum Simeonstift Trier im Jahre 1996 mit einer prächtigen Parade von Gemälden, Aquarellen und frühen Fotoarbeiten veranstaltete. Der zugehörige Katalog ist leider vergriffen.

Zierteller mit Ansicht der Porta Nigra, Villeroy & Boch Mettlach, Feinsteingut mit Kupferstich-Umdruck, um 1840, Inv. Nr. VIII.377b

Der Maler im Boot, Titelblatt der »Sketches on the Moselle, the Rhine, & the Meuse«, London 1838, Clarkson Stanfield, Lithographie, 1838, Inv. Nr. V.30

MOBILITÄT

Zur Römerzeit war Trier einer der Knotenpunkte des reichsumspannenden Straßennetzes, von hier aus führten Verkehrsverbindungen an den Rhein, ans Mittelmeer und in die Île-de-France. Dagegen war die Mosel wegen ihres windungsreichen Laufes schon immer nur bedingt zum Transport geeignet. Im Laufe der Jahrhunderte rückte Trier immer mehr vom Zentrum an die Peripherie. Daran änderte auch der seit 1841 regelmäßige Dampfschiffverkehr zwischen Trier und Koblenz wenig. Im 19. Jahrhundert erhielt die Stadt erst spät Anschluss an das Eisenbahn-, im 20. Jahrhundert an das Autobahnnetz. Heute liegt die Stadt zwar im Zentrum eines sich vereinenden Europas, ist aber nur mangelhaft in das europäische Fernbahnennetz eingebunden.

»Moselidylle«, Fotografie, um 1900

Die Moselschifffahrt

Schon die Römer nutzten die Mosel für Weintransporte. Aufgrund ihres windungsreichen Laufs war sie jedoch für die Personenbeförderung stets weniger bedeutend als die Straßenverbindungen. Das Moselufer war lange Zeit nicht befestigt, der Flusslauf nicht kanalisiert. Seit 1828 kämpfte die Stadt für die Kanalisierung der Mosel, stieß damit bei der preußischen Regierung aber auf weitgehend taube Ohren. Seit 1841 verkehrten Dampfschiffe regelmäßig zwischen Trier und Koblenz. Für die folgenden Jahrzehnte bis zur Eröffnung der Bahnstrecke nach Koblenz 1879 kam der Mosel gesteigerte Bedeutung für den Passagiertransport zu.

Der Fluss war nicht nur Schifffahrtsweg, sondern zumindest für die flussnah gelegenen Trierer Stadtteile auch ständige Bedrohung. Bis zum Bau des Moseldamms ab 1925 kam es immer wieder zu großen Überschwemmungen.

1964 wurde die Mosel als kanalisierte Großschifffahrtsstraße in Anwesenheit der Staatsoberhäupter der Bundesrepublik Deutschland, der Französischen Republik und des Großherzogtums Luxemburg eingeweiht – zu einem Zeitpunkt, als die Binnenschifffahrt durch den gestiegenen Lkw-Verkehr längst nicht mehr ihre frühere Bedeutung hatte.

Die Anlegestelle für Passagierschiffe befindet sich heute in Zurlauben, der Hafen auf der anderen Moselseite in Ehrang, ein kleiner Yachthafen nahe beim Schloss Monaise.

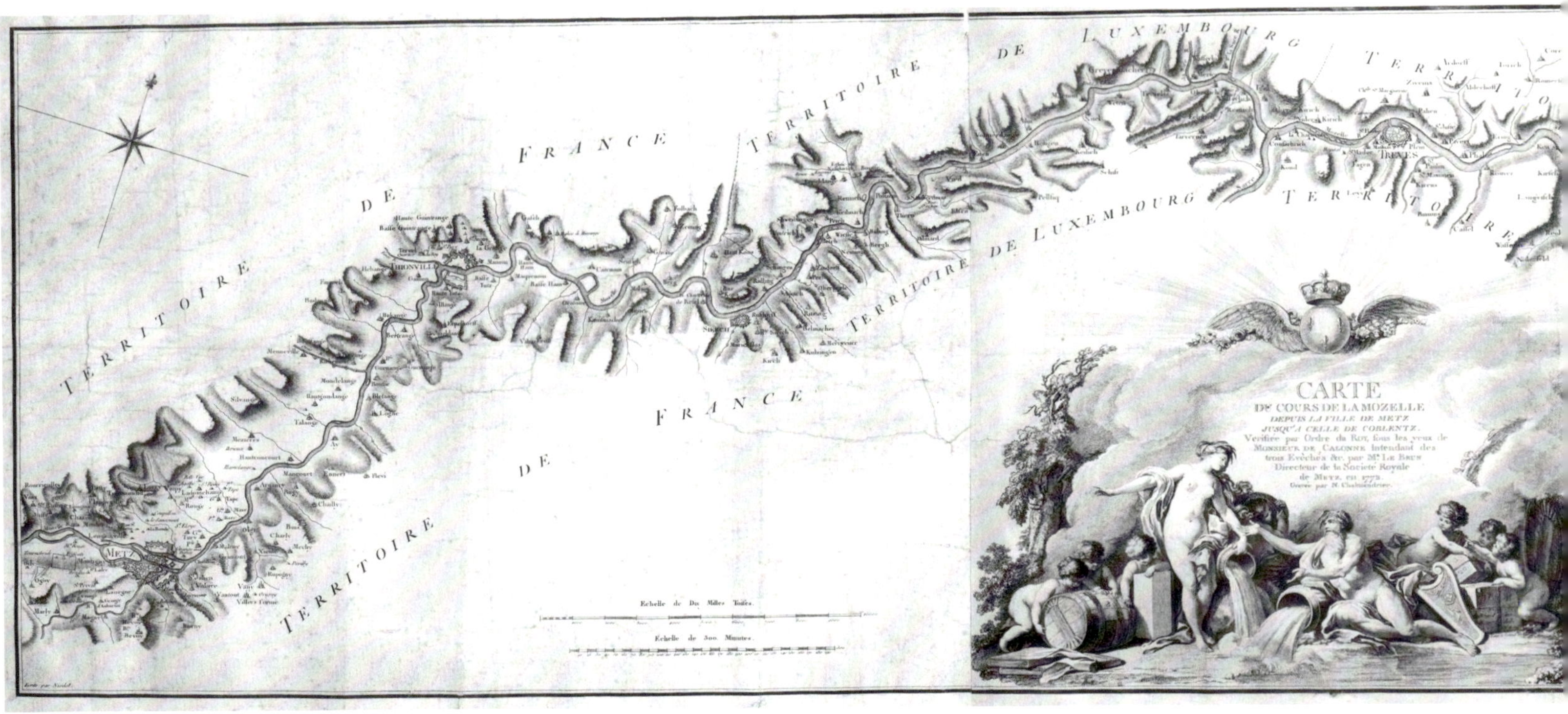

Mosellaufkarte »Carte du Cours de la Mozelle depuis la ville de Metz jusqu'a celle de Coblentz«, gezeichnet von Lebrun, gestochen von Nicolas Chalmondier, Kupferstich, Metz 1772, 3 Blätter, Inv. Nr. V/514–516

Ansicht des Trierer Katharinenufers mit Kränen, Müller, Ölgemälde, um 1800, Inv. Nr. III.466

Ansicht des Trierer St. Barbara-Ufers, Müller, Ölgemälde, um 1800, Inv. Nr. III.467

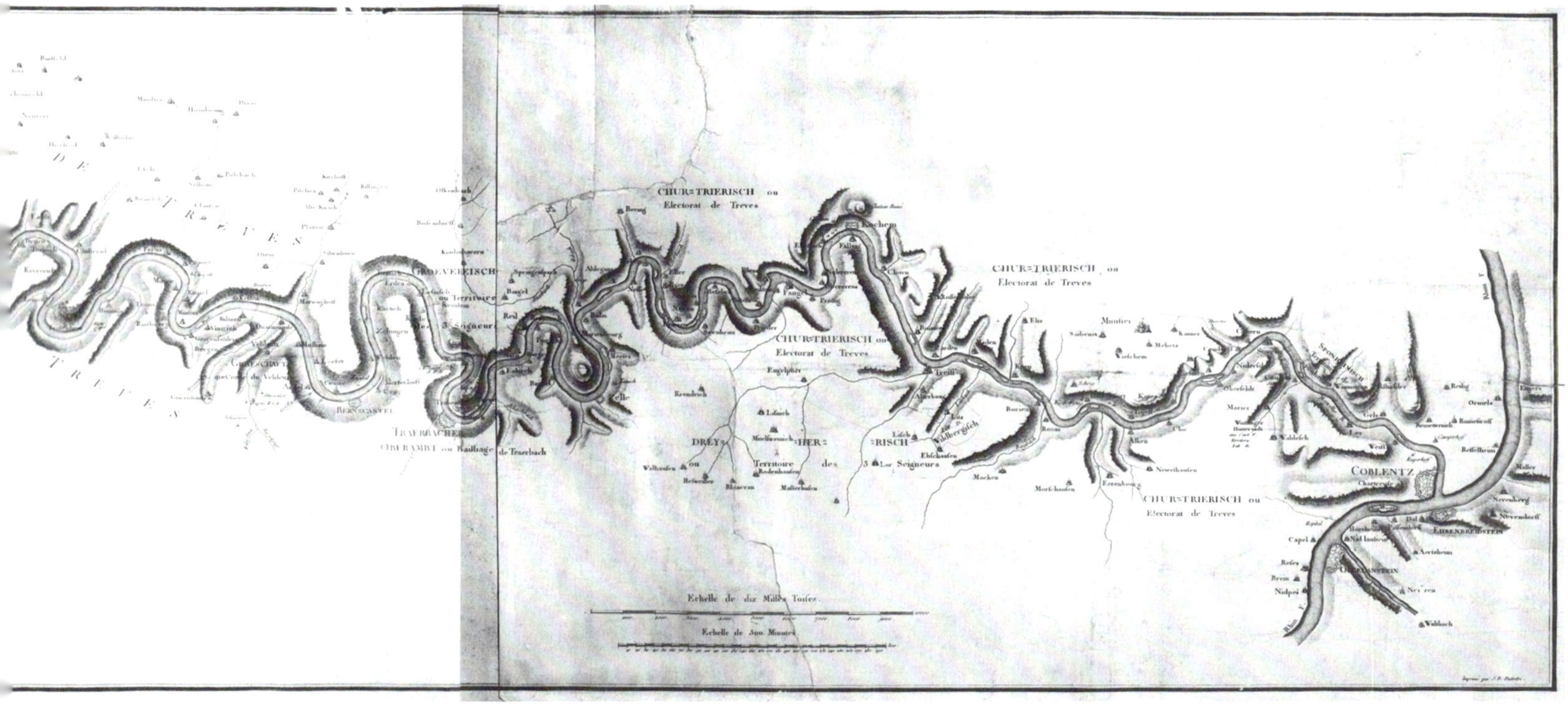
CHUR=TRIERISCH ou
Electorat de Treves
CHUR=TRIERISCH ou
Electorat de Treves
CHUR=TRIERISCH ou
Electorat de Treves
CHUR=TRIERISCH ou
Electorat de Treves
COBLENTZ
Echelle de dix Milles Toises

Trier im Straßennetz – Straßennetz in Trier

Die Kaiser-Wilhelm-Brücke im Bau, Anton Schneider-Postrum, Pastell, 1910/12, Inv. Nr. III.124

Zur Römerzeit bildete Trier mit seiner 18/17 v. Chr. errichteten Römerbrücke einen wichtigen Knotenpunkt im europäischen Straßennetz. Es war über gepflasterte Straßen mit Köln, Koblenz, Reims (und weiter nach Nordfrankreich) und Metz (und weiter bis ans Mittelmeer) verbunden. Noch heute entspricht die B 51 nach Bitburg teilweise der alten Trasse von Trier nach Köln. Sie stellt immer noch die wichtigste Fernverbindung etwa von Spanien und Südfrankreich in den Ballungsraum an Rhein und Ruhr dar – mit entsprechend hohem Verkehrsaufkommen. Kaiser Napoleon ließ statt des alten Aufstiegs über die noch immer den Namen Römerstraße führende Trasse den bis heute befahrenen neuen Aufstieg auf die Fernstraße bauen, die sog. Napoleonbrücke.

Ab 1968 – also im Vergleich wiederum sehr spät – wurde der Bau der Autobahn Trier-Koblenz, ein Jahr später Saarbrücken-Trier in Angriff genommen. Seit 1973 besteht eine durchgehende Autobahnverbindung von Saarbrücken bis Koblenz. In den 1990er Jahren erhielt Trier direkten Anschluss an das europäische Fernstraßennetz durch Fertigstellung der Autobahn Trier-Luxemburg und weiter nach Metz bzw. Brüssel. Auch nach Lüttich und Aachen gibt es nun eine fast durchgehende Autobahnverbindung.

In Trier legten die Römer wie vielerorts ein auf quadratischen Blöcken, den sog. Insulae, beruhendes Straßensystem an. Nur noch wenige Straßen – etwa die Simeonstraße oder die Neustraße – folgen bis heute dem antiken Verlauf. Seit dem 10. Jahrhundert bildete der Hauptmarkt den Kern der Stadt, und es entstand das charakteristische Ypsilon aus Simeonstraße, Brot- und Neustraße sowie aus Fleisch- und Brückenstraße als schnelle Anbindung an die Römerbrücke. Eine Entlastung für das antike Bauwerk brachten 1913 die Kaiser-Wilhelm-Brücke im Norden und 1973 die Konrad-Adenauer-Brücke im Süden. Der das Trierer Straßennetz bis heute prägende Alleenring entspricht dem Verlauf der im 19. Jahrhundert niedergelegten Stadtmauer des hohen Mittelalters.

»BMW V 8«,
Jakob Schwarzkopf,
Kohlezeichnung, um 1960,
Inv. Nr. IV.436

VW-Werbung aus den 1960er Jahren

Autos, Autos – Autos überall?

Wie alle deutschen Städte wurde auch Trier insbesondere nach dem Zweiten Weltkrieg rasch vom Auto erobert, u.a. schuf man im Westen der Altstadt eine Durchquerung über Walramsneustraße, Zuckerberg-, Stresemann- und Hindenburgstraße.

Seit 1971 bemühte man sich, durch den Ausbau der Fußgängerzone den Kraftfahrzeugverkehr Schritt für Schritt aus der Altstadt zu verdrängen, jedoch fuhren noch bis 1984 Busse durch die Simeonstraße. Zu Beginn des 21. Jahrhunderts gehören eine rigorose Umgestaltung des Bahnhofsumfeldes und des Bereichs um St. Maximin, eine Ortsumgehung für Kürenz sowie ein schneller Busaufstieg auf den Petrisberg zu den am heißesten diskutierten und kühnsten Projekten.

Trier besitzt heute einerseits eine der – im Vergleich zur Einwohnerzahl – größten Fußgängerzonen Deutschlands, rühmt sich auf der anderen Seite mit seinen vielen und preisgünstigen Parkhäusern aber auch, eine autofreundliche Stadt zu sein. Für den Preis eines Bustickets kann man mehrere Stunden in der Innenstadt parken. Nicht so gut bestellt ist es um das Radwegenetz, immer wieder reißen Fahrradwege plötzlich ab.

ÖPNV

Von 1890 bis 1905 war die Pferdebahn das wichtigste öffentliche Verkehrsmittel in Trier. Diese wurde zunächst von dem aus Brüssel zugewanderten Arnold Steingröver und ab 1902 von der Stadt betrieben. 1905 ersetzte die Straßenbahn die Pferdebahn. Ab 1925 verkehrten darüber hinaus Busse und von 1940 bis 1970 Oberleitungsbusse. Der Straßenbahnverkehr wurde 1951 eingestellt.

Um den öffentlichen Personennahverkehr aus der Fußgängerzone herauszunehmen, plante man 1973 bis 1979, die Busse in einem Tunnel von der Porta Nigra bis zum Viehmarkt die Altstadt queren zu lassen. Letztlich fand dieses Vorhaben aber keine politische Mehrheit. Bis 1984 fuhren die Busse noch durch die Fußgängerzone. Auf den wichtigsten Linien, insbesondere zur Universität, setzen die Stadtwerke große Gelenkbusse ein.

Ansicht des Hauptmarktes und der Simeonstraße in Trier mit Straßenbahnen der Roten, Blauen und Grünen Linie, Anton Schneider-Postrum, Ölgemälde, um 1910, Inv. Nr. III 1501

Späte Eisenbahnen, ein ICE, kein TGV

In den nördlichen Rheinlanden fuhren seit den 1830er/40er Jahren Eisenbahnen. Diese waren mitverantwortlich für den Aufschwung von Städten wie Köln, Aachen und Düsseldorf. Dagegen bestand die Strecke Saarbrücken – Trier – Luxemburg erst seit 1860 und zudem ohne Anschluss an die großen internationalen Strecken. Die Bahnen wurden nicht zuletzt aus militärischen Gründen gebaut, trugen aber auch zur wirtschaftlichen Förderung der Region bei. Ab 1871 fuhren Züge nach Köln, ab 1874 nach Metz und ab 1879 nach Koblenz. 1888 nahm die Hochwaldbahn durch das Ruwertal nach Hermeskeil ihren Dienst auf. In den Jahren 1902 bis 1905 entstand die privat betriebene Moselbahn, das sog. »Saufbähnchen«, das allen Moselwindungen zwischen Trier und Bullay folgte. Von 1913 an führte eine Strecke von Trier-West über Irrel nach Bitburg. Alle drei lokalen Nebenbahnstrecken wurden ab 1968 sukzessive stillgelegt.

Ab 1907 wurde in Euren ein Eisenbahnausbesserungswerk betrieben, das mit bis zu 1500 Arbeitsplätzen über Jahrzehnte hinweg einen bedeutenden Wirtschaftsfaktor für die Stadt darstellte, ehe die Produktion in den 1960er Jahren eingestellt und das Werk schließlich 1986 stillgelegt werden musste. Das Problem einer Konversion der hier hinterlassenen großflächigen Industriebrache konnte bis heute nicht gelöst werden.

Triers erster Bahnhof lag auf der linken Moselseite an der Luxemburger Straße. Seit 1896 befindet sich der Hauptbahnhof an der heutigen Stelle beim Stadtzentrum.

Heute kämpft die Stadt um den Ausbau der zum Teil noch eingleisigen Strecke nach Luxemburg und um den Anschluss an das europäische Fernbahnennetz mit den TGV-Bahnhöfen Luxemburg und Saarbrücken. Morgens um fünf Uhr fährt der einzige ICE nach Berlin. Noch immer brauchen die schnellsten Züge in die Landeshauptstadt Mainz 2:29 h, nach Köln 2:33 h, nach Frankfurt gar 3:04 h und nach Paris 5:10 h.

Der erste Trierer Bahnhof in der Luxemburger Straße

»Moseltalbahn. Ein Führer von Trier bis Bullay«, um 1930

Entwurf für ein Bahnhofsgebäude in Ehrang, Julius Carl Raschdorff (1823–1914), Architekt und Berliner Dombaumeister, Lithographie, 1871, Inv. Nr. V.1492

MIGRATION

Schon die Anfänge Triers sind mit Immigration verbunden, waren es doch die Römer, die die Stadt 18/17 v. Chr. gründeten. Ihnen verdankt die Stadt ihre herausragenden zentralörtlichen Funktionen bis ins hohe Mittelalter hinein und ihre Attraktivität für Touristen aus aller Welt heute.

Kaiser Konstantin der Große, der zeitweise von Trier aus das ganze Römische Reich regierte, war im heutigen Serbien geboren und in Britannien zum Kaiser ausgerufen worden.

Seit dem 4. Jahrhundert drängten im Zuge der Völkerwanderung die Franken nach Trier. Sie zerstörten und eroberten die Stadt und wanderten in so großer Zahl zu, dass ihre Sprache die lateinische verdrängte. Die römische Kultur und die katholische Religion übernahmen die Franken jedoch weitgehend.

Zu den berühmtesten »Einwanderern« des Mittelalters gehörte der hl. Simeon, der aus Syrakus stammte, lange Zeit im Heiligen Land gelebt hatte und von Erzbischof Poppo 1030 nach Trier geholt wurde, wo er sich in der Porta Nigra einmauern ließ und dort auch bestattet wurde.

Auch seine Eliten bezog und bezieht Trier von außerhalb. So waren alle Erzbischöfe seit dem hohen Mittelalter, alle Universitätspräsidenten und alle Oberbürgermeister »Zugereiste«.

Die erste Mädchenschule, die erste Druckerei, das erste Bankhaus, die Porzellanmanufaktur, die erste Pferdebahn und vieles mehr gehen auf Migranten zurück. Heute prägen vor allem die »ausländischen« Gastronomiebetriebe die Stadt.

Konstantin der Große

Das Siegel der New Trier Township Highschool, Illinois

Auswanderung aus Trier

Im 12. Jahrhundert wanderten nach mehreren Hungerkrisen Menschen aus Trier und den Mosellanden nach Ungarn, wohl in das heutige Siebenbürgen, ab.

Die Trierer Juden wurden bei dem Pogrom 1349 größtenteils ermordet, einige flohen ins Umland. 1418 wurden die Juden aus dem gesamten Erzstift ausgewiesen.

Nach dem gescheiterten Reformationsversuch zogen 1560 vor allem die Tuchhersteller – und mit ihnen ihr Know-how – von Trier fort in protestantische Gebiete.

Im 19. Jahrhundert suchten viele Trierer ihr Glück in der Neuen Welt. Zwischen 1842 und 1886 verließen 1126 Menschen die Stadt und 4600 den Kreis Trier. Wichtigster Zielhafen war New York. 1848 wurde New Trier in Illinois gegründet.

Der wohl berühmteste Sohn der Stadt, Karl Marx, ging nicht nur 1835 nach Bonn, um zu studieren, sondern zeitlebens in die Emigration, aus der er lediglich einmal, zum Tod seiner Mutter, nach Trier zurückkehrte.

Ludwig Simon, Trierer Abgeordneter und einer der führenden Köpfe der 1848er Revolution, emigrierte 1849 in die Schweiz. 1852 inszenierte man auf dem Trierer Hauptmarkt seine symbolische Hinrichtung.

Wiederum mangelnde Bildungschancen veranlassten einen weiteren berühmten Trierer, den Ehrenbürger Oswald von Nell-Breuning, mit 17 Jahren der Stadt den Rücken zu kehren und auswärts zu studieren.

Massenimmigration nach Trier

Nach dem Zweiten Weltkrieg sah sich auch Trier mit der Aufgabe konfrontiert, zahlreiche Flüchtlinge und Vertriebene aufzunehmen.

Die Gründung der Universität hatte einen starken Zuzug von Studierenden nach Trier zur Folge, viele ließen sich hier dauerhaft nieder.

Die Migranten prägen die Trierer Gastronomie ganz wesentlich.

Die Trierer Winzerbetriebe sind für die Zeit der Weinlese in hohem Maße auf Arbeitsmigranten aus Osteuropa, insbesondere Polen, angewiesen.

Nach dem Ende des Kalten Krieges erlebte Trier eine bis dahin nie gekannte Zuwanderungswelle durch Menschen aus Russland, Kasachstan und anderen ehemaligen Sowjetrepubliken.

Zur Zeit leben rund 8000 Menschen ohne deutschen Pass und aus über 150 Nationen in Trier. Die meisten stammen aus Frankreich, der Ukraine, Luxemburg und China (einschließlich Tibets), aber auch aus der Türkei, Polen, Italien, Russland und Serbien.

Nicht alle Ausländer und Ausländerinnen sind in gleichem Maße willkommen. Einige werden für viel Geld – etwa im Basketball – »eingekauft«, andere warten im sog. »Ausreisezentrum« auf ihre Abschiebung.

Russischer Laden

Innovation durch Immigration

Für Baumaßnahmen an der Kathedralgruppe holte Bischof Nicetius im 6. Jahrhundert italienische Fachleute nach Trier.

Spätestens seit dem 11. Jahrhundert lebten Juden in Trier. Ihre Geschichte ist einerseits von friedlichem Zusammenleben mit den Trierern, andererseits durch Verfolgung, Vertreibung und Ermordung geprägt.

Wie nahezu alle mittelalterlichen Städte wuchs Trier vor allem durch Zuwanderung aus dem weiteren Umland.

Während der ersten Hälfte des 14. Jahrhunderts kamen zahlreiche aus Frankreich vertriebene Juden hierher.

Seit der 2. Hälfte des 13. Jahrhunderts ließen sich italienische Finanzfachleute (Lombarden) in Trier nieder.

Der Innovationsschub, den Trier unter Erzbischof Balduin erfuhr, beruhte wesentlich auf dessen luxemburgischer, thüringischer und jüdischer Entourage.

1557 klagten die Wollenamtsmeister gegen das Örenkloster, weil es »welsche« Weber beschäftigte.

Seit 1560 trugen die von auswärts kommenden Jesuiten ganz erheblich zur Hebung des geistig-kulturellen Niveaus der Stadt Trier und ihrer Universität bei.

1574 versuchte der aus Köln zugezogene Drucker Johannes Rotaeus den ersten Trierer Druckereibetrieb zu gründen, scheiterte aber offenbar.

Hans Ruprecht Hoffmann (um 1543–1601), der Bildhauer, dem Trier u.a. die Domkanzel und den Petrusbrunnen verdankt, stammte aus Worms.

Der bedeutendste Trierer Geschichtsschreiber der frühen Neuzeit, Christoph Brouwer (1559–1617), kam aus Arnheim an die Mosel.

Friedrich Spee (1591–1635), der Kämpfer gegen die Hexenprozesse und Lyriker des Barock, der oft zu den bedeutendsten Trierern gezählt wird, ist in Kaiserswerth geboren.

1578–1608 war Bartholomäus Bodeghemius aus Delft Offizial des Erzbischofs.

Peter Bredimus, dessen Vater vor 1574 aus Sierck zugezogen war, war Schiffer und besaß die beiden Speicherhäuser beim Krahnen; seine Witwe zählte 1613 zu den Höchstbesteuerten der Stadt.

1620 wollte die Engländerin Mary Ward die erste Trierer Mädchenschule gründen, scheiterte aber damit.

1640 gelang dies den aus Lothringen einwandernden Welschnonnen.

1624 gehörte Gisbert Duboys, der aus Lothringen oder der Wallonie stammte, zu den reichsten Männern Triers. Er handelte mit Waffen, Tapisserien und Möbeln.

1639 wanderte der Italiener Johannes Rossi ein, der später Verleger der Trierer Wollen- und Leinenweber wurde.

Seit der Mitte des 17. Jahrhunderts dominierten die Italiener das Krämeramt. Daneben kamen viele qualifizierte Bauleute aus Italien sowie Südfrüchtehändler.

1656–58 baute die neu zugewanderte Familie Carové aus Italien ihren Stammsitz, das Hotel Venedig. 1702 gehörte Thomas Carové zu den Höchstbesteuerten der Stadt. Er wurde1717 zum ersten Amtsmeister der Leineweber gewählt.

Die bedeutende Buchdruckerfamilie des 17. und 18. Jahrhunderts Reuland stammte aus St. Vith.

1667 wurde der Lütticher Tucher Andreas Janson in die Krämerzunft aufgenommen. Er wurde einer der bedeutendsten Trierer Tuchverleger.

Ebenfalls aus Lüttich kam um 1680 der Maler Louis Counet an die Mosel, wo er u.a. für den Rat der Stadt Trier und den Abt von St. Maximin monumentale Ölgemälde fertigte.

Haus Venedig

Der 18-jährige Lothringer Franz Pidoll gründete 1683 die Quinter Hütte. Er wurde 1714 geadelt. Aus seiner Familie gingen hohe kirchliche und weltliche Würdenträger hervor.

Den höchsten Steuerbetrag zahlte 1702 Martin Camminot, dessen Vater ebenfalls vom Comer See nach Trier gezogen war. Er war durch Glashandel und Glasherstellung zu Reichtum gekommen und seit 1702 im Besitz des kurfürstlichen Glashandelsmonopols im Erzstift. 1707 pachtete er das Kauf- und Waaghaus.

1722 gründeten die Italiener Thomas Carové und Thomas Canaris eine Barchentmanufaktur.

1746 klagten Trierer Händler darüber, dass auswärtige, ja sogar evangelische Konkurrenten ihre Waren im Kaufhaus anboten.

Josef Roballet aus der Wallonie oder Lothringen gründete 1748 einen Tragsänftendienst und erhielt dafür ein 10jähriges Monopol.

1752 gründete ein Kartenmacher aus Diedenhofen Triers erste Spielkartenfabrik.

Die drei bedeutendsten Künstler des Rokoko in Trier kamen aus Mainfranken (Würzburg) an die Mosel: Balthasar Neumann, der Schöpfer der Kirche St. Paulin, Ferdinand Tietz, der Bildhauer der Skulpturen für den Palastgarten, und Johannes Seiz, der Architekt des Südflügels des Kurfürstlichen Palais.

Im 18. Jahrhundert zogen zahlreiche gut ausgebildete und zudem für niedrige Löhne arbeitende Bauleute aus dem Tessin und Graubünden nach Trier.

Die Seiden- und Galanteriewarenhändler des 18. Jahrhunderts waren vorwiegend Piemontesen.

Ludwig Weyprecht Mohr, in Neuwied geboren und in Frankfurt aufgewachsen, kam 1777 als 18-Jähriger nach Trier, wo er später die vielfältigsten Funktionen wahrnahm: Gründer einer Baumwollspinnerei, Stadtrat, Präsident des Handelsgerichts, Mitbegründer der Gesellschaft für nützliche Forschungen. Er engagierte sich im sozialen Bereich und für die Kultur. Seine Familie, aus der auch der Maler Alexander Mohr hervorging, war eine der bedeutendsten im Trier des 19. Jahrhunderts.

Balthasar Neumann

Karl Grün

Ende des 18. Jahrhunderts ließ sich der italienische Zinngießer J.A.P. Nervegno in Trier nieder.

Die französische Herrschaft 1794–1814 bescherte Trier u.a. ein Landarmenhaus und die Vereinigten Hospitien.

Der burgundische Salzhändler Jean Joseph Reverchon gründete in Trier 1808 eine Handels- und Bankgesellschaft. Die Mitglieder seiner Familie zählten das ganze 19. Jahrhundert hindurch zu den einflussreichsten Trierern.

Der Pariser Unternehmer Christian Joseph Deuster gründete 1807/08 die Trierer Porzellanmanufaktur, die ab 1809 hochwertige Produkte nach Pariser Vorbild herstellte.

Ab 1815 ließen sich preußische Militärs und Beamte in Trier nieder, deren Verhältnis zu der katholischen Bevölkerung jedoch nicht frei von Spannungen war.

Den gebürtigen Straßburger Johann Wilhelm Friedrich Rautenstrauch (1791–1858) führte es über Frankfurt nach Trier. Hier gründete er ein Handelshaus mit Schwerpunkt auf dem Häute-Import, das später in Europa und Südamerika Filialen unterhielt und die Glanzzeit der Trierer Lederindustrie einläutete. Er stieg zum Stadtrat, Kommerzienrat, Landtagsabgeordneten und ersten Präsidenten der Trierer Handelskammer auf und war der Urgroßvater des Malers Alexander Mohr.

Johann Baptist Caspary zog aus Bernkastel nach Trier und gründete hier 1826 eine Brauerei.

Die »Trier'sche Zeitung« führte der in Lüdenscheid geborene und zuvor in Paris wirkende Karl Grün im Vorfeld der 1848er Revolution zu einer wenige Jahre dauernden Blüte mit internationalem Renommee.

1890 plante der aus Brüssel stammende Ingenieur Charles de Féral eine elektrische Straßenbahn für Trier, fand dafür jedoch kein Gehör beim Stadtrat und eröffnete stattdessen eine Pferdebahn.

Der Bauunternehmer und Pferdebahn-Betreiber Arnold Steingröver, der 1892 den Porta-Nigra-Platz in Eigeninitiative umgestaltete, kam ebenfalls aus Brüssel.

1937 eröffnete die aus den italienischen Dolomiten stammende Familie Calchera Triers erste Eisdiele.

Die in Thessaloniki geborene Miranda Konstantinidou gründete 1986 in Trier ihre Schmuck-Design-Firma »konplott«, die mittlerweile weltweit produziert, verkauft … und imitiert wird.

Apoll mit der Leier, aus dem Skulpturenzyklus für das Kurfürstliche Palais, Ferdinand Tietz, Sandstein gefasst, um 1758/60, Inv. Nr. I.322

Die ehemaligen Steingröver-Häuser am Porta-Nigra-Platz

Modeschmuck »konplott«: Carousel, Léonie

Jean Joseph Reverchon (1774–1825)

Zu den vielen erfolgreichen Immigranten gehörte Jean Joseph Reverchon, der 1774 im französischen Jura geboren wurde und im Alter von 34 Jahren zur napoleonischen Zeit nach Trier zog. In der Brückenstraße gründete er die Gesellschaft »Sel en gros et Commissionaire J. J. Reverchon«. Außer mit Salz handelte er mit Kohle, Tuch, Leder und Wein und kam vor allem als Armeelieferant zu großem Wohlstand. Daneben engagierte er sich im Immobiliengeschäft und betrieb das erste Trierer Bankhaus der Moderne. Auch in preußischer Zeit setzte sich der Aufstieg seines Unternehmens fort. Reverchon starb 1825 im Alter von 50 Jahren in Paris.

Die Aktentasche, eine Leihgabe aus Privatbesitz, enthielt u. a. sein Testament, sein Journal, verschiedene Briefe und Wechsel. Nach Ausweis des Journals reichten Reverchons Geschäftsbeziehungen allein in den Monaten Juni bis Dezember 1816 bis nach Köln, Frankfurt, Basel, Brüssel und Paris.

Die Familie Reverchon gehörte im 19. Jahrhundert zu den führenden Triers, war an zahlreichen Unternehmen beteiligt und ging mehrere Heiratsverbindungen mit der Trierer Oberschicht ein. Ihre Villa an der Römerstraße prägt bis heute das linke Moselufer.

Jean Joseph Reverchon, Johann Anton Ramboux, Ölgemälde, zwischen 1810 und 1820, Privatbesitz

Aktentasche mit den Initialen von Jean Joseph Reverchon, Leder, um 1820, Leihgabe aus Privatbesitz

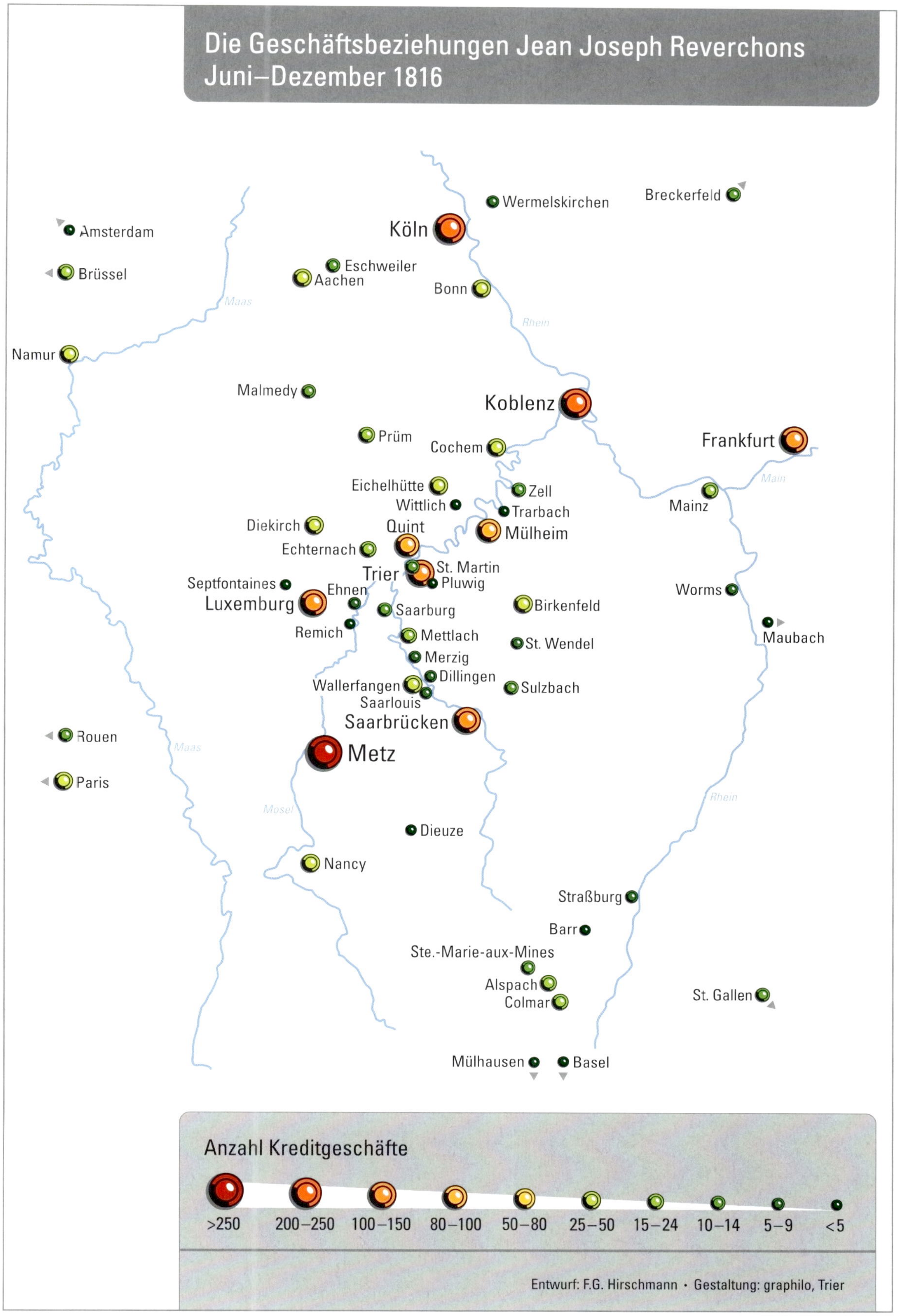

Die Geschäftsbeziehungen Jean Joseph Reverchons Juni–Dezember 1816

Entwurf: F.G. Hirschmann • Gestaltung: graphilo, Trier

SPORT IN TRIER

Die Geschichte des Sports in Trier lässt sich wie in nur wenigen Städten bis in das Altertum zurückverfolgen. Bereits in der römischen Stadt existierte eine hoch entwickelte Sportkultur. Wie in Rom gab es auch in Trier Spezialbauten für große Sportwettkämpfe: einen Circus für die Wagenrennen und das Amphitheater für die Gladiatorenkämpfe. Neben diesen Stätten für den professionellen Schausport bestanden in den großen öffentlichen Bädern, den Forumthermen, den Barbarathermen und den Kaiserthermen, vielfältige Freizeitsport- und Unterhaltungsmöglichkeiten, die neben dem Baden und Schwimmen auch unterschiedliche Körperübungsangebote wie das Hanteltraining, Gymnastik, Reifen- und Ballspiele einschlossen.

Auch von den beiden bekannten Sportveranstaltungen des hohen und späten Mittelalters, dem Turnierreiten und dem Wettschießen, existieren in Trier einschlägige Zeugnisse in Form von Turnierbüchern, Schützenbriefen, Schießbüchern und Schützenkleinodien.

Dass der neuzeitliche Sport als organisierter Wettkampf und auch als spontane spielerische Ausübung in einem steigenden Maße von gesellschaftlichen Repräsentationsbestrebungen getragen wird, belegen nicht nur die in jüngeren Zeiten immer aufwändiger gewordenen Spezialausrüstungen (wie Skischuhe, Tennisschläger oder Trikots), sondern ebenso diverse Dekorations- und Gebrauchsartikel und ganz besonders die neueren Kreationen sportlich gestylter Freizeitbekleidungen (wie Sneakers und T-Shirts).

Der TBB-Spieler Brandon Gay

Eintracht Trier 05 – Fan-Schal, 2006,
Inv. Nr. VII.889

Die Trierer »Miezen« – samtweich oder scharfe Krallen

»Mieze im Angriff«
(Maren Baumbach)

Spätestens seit dem Aufstieg der Miezen in die 1. Handball Bundesliga der Frauen im Jahr 2000 kennt jeder Sportinteressierte in Trier dieses Team. Die »Handball-Festung« Wolfsberghalle im Trierer Stadtteil Mariahof platzte bei sämtlichen Heimspielen buchstäblich aus allen Nähten, und nicht wenige Zuschauer betraten die Tribüne nur mit vor Lärm schützenden Ohrstöpseln. Mit Gewinn der Deutschen Meisterschaft im Jahr 2003 erreichten die Miezen ihren bisherigen sportlichen Höhepunkt. Die Deutsche Vizemeisterschaft konnten die Handballerinnen in Triers neuer Vorzeigehalle Arena feiern. Zu den Topteams im Deutschen Damenhandball zählen die Trierer Miezen ununterbrochen seit dem Aufstieg.

Samtweich oder scharfe Krallen, alle diese Bilder müssen und mussten nicht selten in der Sportberichterstattung herhalten, wenn es darum geht, die Erfolge der Miezen zu beschreiben.

Die Frage sei erlaubt, wie kamen die Miezen zu ihrem Namen?

MJC von 1617 – Marianische Jünglingskongregation von 1617 – so der offizielle Vereinsname. Diese Marianische Jünglingskongregation besteht seit 1617 und widmete sich unter Leitung des Jesuitenordens der Jugendarbeit in Trier. Offene Jugendarbeit im großen Stil begannen sie 1969 mit der Einweihung des Mergener Hofs. In diesem Gebäude, das fast 400 Jahre alt ist und unweit der Porta Nigra steht, haben Jugendarbeit, Gruppenarbeit und als dritte Säule der Sport ihren Platz.

Mit mehr als 1000 Mitgliedern gehört die DJK/MJC Trier, wie sich der Sportbereich nennt, zu einem der größeren Sportvereine in Rheinland-Pfalz. Basketball, Handball, Tischtennis, Breitensport, Tennis, Rhönrad betreiben die Mitglieder in organisierten Strukturen und nehmen in vielen Klassen am Spielbetrieb der Fachverbände teil.

Auch Frauenhandball hat eine lange Tradition in der MJC. Regionalliga, 2. Bundesliga – so die sportlichen Stationen. Der große Aufstieg hat auch einen Namen. Die Brüder Martin und Wolfgang Rommel dürfen zu Recht als die Garanten des Erfolgs bezeichnet werden. Martin als umtriebiger Macher und Organisator und sein Bruder Wolfgang als Trainer, der die Mannschaft in die Bundesliga führte. Als Glücksfall erwies sich Valentina Lupascu, rumänische Ausnahmespielerin, die als Asylbewerberin fast zufällig bei den Miezen landete und mit ihrer Handballkunst das Trierer Publikum begeisterte und die Mannschaft zu großen Erfolgen mitriss.

Spätestens mit dem Aufstieg in die Bundesliga wurden mit einem professionellen Umfeld die Weichen für eine erfolgreiche sportliche Zukunft gestellt. Doch alle, die zu den Fans der Miezen gehören, lieben die immer noch familiäre Atmosphäre der Spiele und sind mit ihren Miezen per Du.

Pferderennen,
Simon Meister, Ölgemälde,
1837, Inv. Nr. III.369

Eissegeln,
David Vinckboons,
Öl auf Holz, um 1620,
Inv. Nr. III.844

RELIGIONSGEMEINSCHAFTEN

Wie wohl keine andere Stadt vergleichbarer Größe wurde Trier von der Kirche geprägt. Die Reihe der Bischöfe ist seit dem 3. Jahrhundert ungebrochen; auch der Dom wurzelt in seinem Kernbau in der Spätantike. Bis 1801 waren die Erzbischöfe zudem die weltlichen Herren der Stadt. Klöster und Stifte prägten Trier topographisch und waren herausragende wirtschaftliche und kulturelle Zentren. Das Bildungswesen (Schulen, Universität) wurde ebenfalls weitestgehend durch die Orden bestimmt. Bis heute ist die katholische Kirche nach der öffentlichen Hand der größte Arbeitgeber und Grundstückseigentümer der Stadt. Sie engagiert sich außer in der Seelsorge u. a. in der Krankenversorgung, der Bildung und dem Weinbau.

Nachdem ein Reformationsversuch 1559 – mit katastrophalen Folgen für die Stadt – gescheitert war, ließen sich erst mit den preußischen Beamten und Militärs im 19. Jahrhundert wieder Protestanten in Trier nieder. Ihre Hauptkirche ist seit 1856 die Kirche zum Erlöser in der Konstantinbasilika.

Juden lassen sich in Trier seit dem 11. Jahrhundert nachweisen. Ihre Glanzzeit und ihren Untergang erlebte die jüdische Gemeinde unter Erzbischof Balduin im 14. Jahrhundert. Als Zentrum jüdischer Kultur sollte Trier danach nie wieder nennenswerte Bedeutung erlangen. Die Nationalsozialisten ermordeten rund drei Viertel der damals über 400 Trierer Juden.

Heute leben in Trier rund 67 % Katholiken, über 12 % Protestanten, über 2 % Muslime, über 0,5 % Juden und über 15 % Religionslose.

Westfront des Trierer Domes, Johann Anton Ramboux, kolorierte Bleistiftzeichnung, 1828, Inv. Nr. IV.46

Erzbischöfe und Kurfürsten

Als einzige deutsche Stadt (vielleicht neben Köln) kann Trier auf eine bis in das 3. Jahrhundert zurückreichende ununterbrochene Bischofsreihe zurückblicken. Die wohl ähnlich alten oder wenig jüngeren Bistümer Metz, Toul und Verdun waren dem Trierer Erzbischof als sog. Suffragane untergeordnet.

Die Bischöfe und ihr Umfeld waren die Hauptvermittler des Christentums und des antiken Kulturgutes. Ihnen verdankte Trier seinen Rang als weithin ausstrahlendes Zentrum. Seit dem frühen Mittelalter waren sie die Stadtherren von Trier; ihre Domkirche bildete den Kern der mittelalterlichen Stadt. Im 10. Jahrhundert begannen die Erzbischöfe mit dem Aufbau eines Territoriums und fungierten fortan auch als weltliche Landesherren. Im 14. Jahrhundert fixierte die sog. Goldene Bulle ihre Zugehörigkeit zu den sieben Kurfürsten, die den König wählten.

Zwischen Erzbischöfen und Stadtgemeinde bestand eine grundsätzliche Interessengemeinschaft, aber es gab auch Konfliktpotenzial. So zog sich die Steuerfreiheit des Klerus als Streitpunkt durch die Jahrhunderte. Wiederholte Versuche der Stadtgemeinde, sich der erzbischöflichen Herrschaft zu entledigen, scheiterten 1580 endgültig. Bis zum Einmarsch der französischen Revolutionstruppen 1794 blieb Trier eine erzbischöfliche Stadt, auch wenn die Landesherren seit dem 14. Jahrhundert meistens in Koblenz residierten.

Das Erzbistum wurde 1801 aufgelöst, ein Bistum ein Jahr später wieder errichtet, jedoch fungierten die Bischöfe fortan nicht mehr als Stadtherren.

Macht und Repräsentation des hohen kurtrierischen Klerus

Das Kurfürstentum Trier war kein besonders ausgedehntes Staatsgebiet. Schon in den knapp 200 km entfernten Städten Köln im Norden und Mainz im Südosten residierten die benachbarten Kurfürsten als Konkurrenten. Zusammen fügten sie sich in das Bild des Flickenteppichs deutscher Kleinstaaterei im weiten Mantel des Heiligen Römischen Reiches Deutscher Nation. Auf seinem eigenen Territorium allerdings besaß der Inhaber des Kurfürstenstuhles Macht und Ansehen, war er doch zugleich weltlicher Herrscher und geistliches Oberhaupt. Damit nicht genug – den insgesamt sieben Kurfürsten, darunter auch den genannten drei rheinischen Erzbischöfen, oblag seit dem hohen Mittelalter die Königswahl.

Es verstand sich von selbst, dass eine derart herausgehobene Position als Kurfürst und Erzbischof den Ehrgeiz der deutschen Adelsfamilien auf sich lenkte, die Karrieremöglichkeiten für ihre nachgeborenen Söhne suchten. Als Startposition diente oft die Mitgliedschaft im jeweiligen Domkapitel, das den Erzbischof wählte, besser noch in mehreren dieser Gremien. Aber auch alle sonstigen hochrangigen kurfürstlichen Regierungsämter eigneten sich als Sprungbrett. Als Nachweis, dass er zu diesem geschlossenen Kreis hochadliger Familien gehörte, hatte der Aspirant die sog. Ahnenprobe zu erbringen, den formellen Nachweis von insgesamt 16 adeligen Vorfahren in der väterlichen und mütterlichen Linie.

Der Herkunft und Position entsprechend gestaltete sich das Selbstverständnis des hohen Trierer Klerus. Die von Steuerlasten befreiten Geistlichen hielten Hof in ihren Adelspalästen und Kurien. Zugleich sorgten sie durch eine Vielzahl von Porträts, die sie anfertigen ließen, für Machtdemonstration und für dauerhafte Präsenz in ihrem jeweiligen Funktionsbereich. Außerdem führten die Hoffnung eigener Aufwertung durch illustre Vorgänger wie auch der Wille zur Dokumentation von Kontinuität zur Entstehung von klerikalen »Ahnengalerien«, in die posthum auch die Erzbischöfe und Kurfürsten vergangener Jahrhunderte aufgenommen wurden.

Linke Seite:
Porträt des Trierer Kurfürsten Johann Ludwig von Hagen (1540–1547), Ölgemälde, 17./18. Jahrhundert, Inv. Nr. III.307

Porträt des Kurfürsten Lothar von Metternich (1599–1623), Ölgemälde, 17. Jahrhundert, Inv. Nr. III.1274

Porträt des Kurfürsten Karl Kaspar von der Leyen (1652–1676), Ölgemälde, 18. Jahrhundert, Inv. Nr. III.312

Porträt des Kurfürsten Johann Hugo von Orsbeck (1676–1711), Ölgemälde, 18. Jahrhundert, Inv. Nr. III.313

Porträt des Domherrn und späteren Kurfürsten Johann Philipp von Walderdorff (1756–1768), Gillee (?), Ölgemälde, 1754, Inv. Nr. III.315

Porträt des Weihbischofs Lothar Friedrich von Nalbach (1730–1748), Ölgemälde, 18. Jahrhundert, Inv. Nr. III.629

Porträt des Statthalters Franz Karl Ludwig von Boos von Waldeck, Ölgemälde, 1769, Inv. Nr. III.1228

So haben sich im Bestand des Stadtmuseums erstaunlich viele, vorwiegend aus dem späten 17. und dem 18. Jahrhundert datierende Klerikerporträts erhalten. Ihre Zahl wurde allerdings von der im 19. Jahrhundert einsetzenden Flut bürgerlicher Bildnisse, mit denen die vormals nur adelige Gepflogenheit der Porträtierung imitiert wurde, bei weitem übertroffen.

Ein Kurfürstenstuhl aus der berühmten Roentgen-Werkstatt in Neuwied

Das Stadtmuseum Simeonstift Trier konnte 1955 aus einer privaten Kunstsammlung ein bis dahin unbekanntes Objekt erwerben, das sowohl für die Geschichte des Kurfürstentums Trier als auch für die deutsche Möbelgeschichte von großer Bedeutung ist. Es ist ein Prunkstuhl des Kurfürst-Erzbischofs Johann Philipp von Walderdorff (1756–1768) und stammt wohl aus der Kurfürstlichen Residenz. Gefertigt wurde der Stuhl um 1760 von dem Kunstschreiner Abraham Roentgen (1711–1793) aus Neuwied, der bereits zu Lebzeiten aufgrund seiner exzellenten Erzeugnisse höchstes Ansehen genoss.

Der Stuhl nimmt in vielerlei Hinsicht eine besondere Stellung ein und offenbart seine Vorzüge, wenn er von allen Seiten betrachtet wird. Es ist anzunehmen, dass es sich um eine Sonderanfertigung nach den Wünschen des kunstsinnigen Kurfürsten von Walderdorff handelt, denn der Stuhl entspricht in Bezug auf Material, Verarbeitung und Dekor nicht unbedingt den üblichen zeitgenössischen Sitzmöbeln. Im Gegensatz zu den um 1750 vorrangig mit Schnitzdekor und Polsterung versehenen Stühlen elegant-leichter Bauart wurde hier ein Sitzmöbel mit eher stämmigen Proportionen kreiert, das zudem vollständig furniert und mit feinsten Marketerien geschmückt ist.

Die geschweifte Sitzfläche und die Vorderseite der gebogten und durchbrochenen Rückenlehne zeigen eine Parkettierung, die Roentgen gerne und oft verwendet hat: Es ist ein Rautengitter mit Sternchen an den Schnittpunkten, das aus Nussbaum, Palisander und Ahorn zusammengesetzt ist. In spannungsvollem Gegensatz zu diesem geometrisch-strengem Muster steht die verspielt-florale Dekoration der Beine, der Zargen und der Kehrseite der Rückenlehne. Zarte Blumenranken aus Ahorn fügen sich hier harmonisch in die Freiflächen des gemaserten Birkenfurniers ein.

Besondere Beachtung verdient das Bildprogramm im Mittelbereich der Rücklehnenkehrseite, in dem sich der Auftraggeber zu erkennen gibt. In senkrechter Reihung erscheinen von oben zunächst der breite Kurfürstenhut mit hinterlegtem Schwert (Sinnbild der höheren Gerichtsbarkeit), darunter die längliche Mitra als priesterliche Kopfbedeckung, hinterlegt vom Krummstab (Symbol des Guten Hirten bzw. der geistlichen Rechtsprechung) sowie vom doppelarmigen Vortragekreuz (Rangzeichen des Erzbischofs). Den unteren Abschluss bildet das persönliche Monogramm mit den verschlungenen Initialen JPC.

Prunkstuhl des Kurfürsten Johann Philipp von Walderdorff, allseitig mit reicher Marketerie in Nussbaum, Palisander und Ahorn, auf der Rückenlehne die Insignien der Kurfürstenwürde und die Initialen »JPC«, Abraham Roentgen, Neuwied, um 1760, Inv. Nr. VI.13

Rokoko-Eckschrank des Kurfürsten Johann Philipp von Walderdorff, das Wappen des Kurfürsten auf der ursprünglich vollständig vergoldeten Frontseite, Holz mit aufgesetztem geschnitzten Gitterwerk, Marmorplatte und Bronzebeschläge, um 1765/68, Inv. Nr. VI.6

Fahnenbild St. Eucharius / St. Matthias, Öl auf Leinen, um 1750, Inv. Nr. III.465

Trier als Wallfahrtszentrum

Im Mittelalter deutete man die zahlreichen, bis in die Antike zurückreichenden Gräberfelder vor den Mauern Triers zum Teil als Heiligengräber. So wurde die Moselstadt ein bedeutendes Wallfahrtsziel, vor allem seit der Auffindung des angeblichen Grabes des Apostels Matthias 1127. Zum Matthiasgrab reisten Pilger in großer Zahl aus dem gesamten deutschen Sprachraum. Neben Köln und Aachen war Trier das wichtigste Pilgerziel im mittelalterlichen Reich. Bis heute findet alljährlich um Christi Himmelfahrt, dem Tag der Erwählung des Apostels Matthias, die Wallfahrt in die Benediktinerabtei im Süden Triers statt.

Die Reliquien der heiligen Trierer Bischöfe waren vor allem östlich des Rheins, wo es keine römischen Grundlagen gab, sehr begehrt. Trier wurde ein wichtiges Reliquienexportzentrum – u.a. stammten die Gebeine des Braunschweiger Stadtpatrons Auctor, eines angeblichen Trierer Bischofs, von hier.

In der Neuzeit schob sich – seit seiner ersten Zeigung 1512 – der Heilige Rock gegenüber den lokalen Heiligen in den Vordergrund. Die heilige Helena, die Mutter Kaiser Konstantins des Großen, soll ihn aus Palästina an die Mosel gebracht haben. Er wird bis heute in unregelmäßigen Abständen ausgestellt – so zuletzt 1933, 1959 und 1996.

Wallfahrt zum Hl. Rock 1844, Augustin Gustav Lasinsky, Ölgemälde, 1847, Inv. Nr. III.67

Klöster und Stifte

Auf den römischen Gräberfeldern entstanden seit dem frühen Mittelalter geistliche Gemeinschaften, darunter so bedeutende wie die Abteien St. Maximin im Norden und St. Matthias im Süden, die zeitweise weithin ausstrahlende Reformklöster waren. Nicht nur als religiöse Zentren, sondern auch als Kultur- und Bildungsstätten, als Grund- und Gerichtsherren sowie als Produzenten und Konsumenten prägten die geistlichen Institutionen ganz wesentlich die mittelalterliche Stadt. Am Vorabend der Reformation gab es in Trier 19 Klöster, Stifte und Kommenden für Männer sowie 11 für Frauen.

Unter den drei Gründungen der Frühen Neuzeit verdienen vor allem die der Jesuiten und der Welschnonnen aufgrund ihrer Verdienste um das Bildungswesen hervorgehoben zu werden.

Noch für den Protestanten Johann Wolfgang von Goethe präsentierte sich Trier, als er 1792 in die Stadt kam, als »Pfaffennest« und »innerhalb der Mauern von Kirchen, Kapellen, Klöstern, Konventen, Kollegien, Ritter- und Bürgergebäuden belastet, ja erstickt, außerhalb von Abteien, Stiftern, Kartausen blockiert, ja belagert«. Diesem Zustand setzte die Französische Revolution zehn Jahre später ein Ende. Ab 1802 wurden alle Klöster und Stifte mit Ausnahme der Welschnonnen aufgehoben und ihre Besitzungen als Nationalgüter verkauft.

Heute bestehen in Trier wieder rund 20 Ordensgemeinschaften, die sich karitativ, seelsorgerisch und in der Lehre betätigen.

Linke Seite:
Kastenbild mit Abdruck des Fußes Christi und Reliquien aus dem Hl. Land, Karton, Papier, Glas, 1. Hälfte 19. Jahrhundert, Inv. Nr. X.1054

Die Abtei St. Marien, Trier, Johann Lothary, Tuschezeichnung und Gouache, 1808, Inv. Nr. III. 125

Diese Seite:
Kreuzgang St. Matthias, Fritz Reuter, Ölgemälde, 1942, Inv. Nr. III.744

»Hungrige speisen«

»Durstige tränken«

»Fremde beherbergen«

Die sieben Werke der Barmherzigkeit an der Trierer Domkanzel, Hans Ruprecht Hoffmann, 1570–72

»Nackte kleiden«

»Kranke pflegen«

»Gefangene besuchen«

»Tote bestatten«

Die Mechelner Alabaster

Alabaster ist eine Art Gipsspat und hat äußerlich eine gewisse Ähnlichkeit mit Marmor. Er besteht aus Kreide, Sulfat, Kalziumhydrat und Kristallwasser, was ihm seine feinkörnige Struktur und leichte Transparenz verleiht. Infolge seiner guten Bearbeitungsmöglichkeit – Alabaster ist deutlich weicher als Marmor, Basalt, Kalk- oder Sandstein – wird er seit dem Altertum bevorzugt für Kunstgegenstände verwendet, zur Herstellung kleiner Schmuckgegenstände ebenso wie für lebensgroße Skulpturen und Reliefs.

Die hier gezeigte Auswahl an hochwertigen Alabasterreliefs gehörte zu den Sammlungen, die der Trierer Bürger Johann Peter Job Hermes 1830/31 der Stadt Trier schenkte und damit den Grundstock zum Bestand des Stadtmuseums legte.

Die kleinformatigen weißen und meist goldgehöhten Tafeln stellen Szenen aus dem Alten und Neuen Testament dar und stammen aus den Alabaster-Manufakturen in Mecheln (heute Belgien, damals südliche Niederlande), die sich im 16. Jahrhundert entwickelt hatten und bis weit ins 17. Jahrhundert florierten. Es waren eigenständige Kunstwerke und geschätzte Sammlerstücke, die als kleine Altäre für die private Andacht dienten, gelegentlich auch zur Verzierung von Möbeln verwendet wurden.

Bedingt durch das kleine Format sind die Szenen auf das Wesentliche konzentriert. Die Hauptpersonen sind in den Vordergrund gerückt und verhältnismäßig groß dargestellt, alles überflüssige Beiwerk ist eliminiert. Wenige Versatzstücke charakterisieren die zum Verständnis der Szenen notwendigen Örtlichkeiten. Für die Kompositionen dieser Reliefs standen den Bildhauern die zahlreichen Bibelillustrationen des 16. und frühen 17. Jahrhunderts als Bildvorlagen zur Verfü-

Geburt Christi, Mechelner Alabaster, 16./17. Jahrhundert, Inv. Nr. II.16

Sturmfahrt auf dem Meer, Mechelner Alabaster, 16./17. Jahrhundert, Inv. Nr. II.34

Gnadenstuhl,
Mechelner Alabaster,
Barthélémy van Coninxloo,
um 1550–1620/25,
Inv. Nr. II.9

gung. Allerdings variiert der Grad der Abhängigkeit vom Vorbild: Manche Vorlagen dienten lediglich als Inspirationsquelle, andere wurden exakt übernommen.

In den Mechelner Bildhauerwerkstätten waren zur Bewältigung der großen Nachfrage nach den Alabasterreliefs zahlreiche Künstler tätig, von denen einige auch namentlich bekannt sind. Die meisten Stücke sind jedoch anonyme Werke, die allenfalls ein Monogramm tragen. Vermutlich entstanden die wenigsten der Mechelner Alabasterreliefs als echte Auftragsarbeiten. Sowohl die Qualität als auch die Quantität dieser Andachtstafeln sprechen dafür, dass die Mehrzahl für den anonymen Kunstmarkt geschaffen und in ganz Europa verkauft wurden. Ihre weite Verbreitung belegt die rege Nachfrage und die guten Handelskontakte der niederländischen Kaufleute.

Speisung der Fünftausend, als Beispiel »erlaubter« calvinistischer Erklärungsbilder, Adrian Nieulandt, Öl auf Holz, 1657, Inv. Nr. III.4

Antiquitates et Annales Trevirenses, 1. Ausg., 2 Bände, Christoph Brower, in der Bearbeitung von Jakob Masen, Lüttich (Hovius) 1670, Inv. Nr. B.1840

Reformation und Gegenreformation

Der Trierer Bäckersohn Caspar Olevianus wurde von Calvin 1559 in seine Heimatstadt zurückgeschickt, um dort bei der Verbreitung des evangelischen Glaubens mitzuwirken. Immerhin fünf der siebzehn Zünfte sowie Teile des Stadtrates bekannten sich rasch zu der neuen Konfession. Nach einigen Monaten setzte sich jedoch die katholische Mehrheit mit Hilfe erzbischöflicher Truppen durch. Der Reformationsversuch blieb Episode. Die evangelischen Führer, darunter Olevian, sowie die wirtschaftliche Elite, insbesondere die Tuchhersteller, wurden aus der Stadt vertrieben, was den Niedergang Triers beschleunigte.

Wenige Monate nach dem Scheitern des Reformationsversuches durch Caspar Olevian trafen 1560 die ersten Jesuiten in Trier ein. Wie überall wurden die Ordensleute die wichtigsten Träger der Gegenreformation. Zur Erneuerung der Universität gründeten sie ein Kolleg in der Dietrichstraße, 1606 errichteten sie ihr Novizenhaus in der Krahnengasse, acht Jahre später ein Gymnasium neben dem Jesuitenkolleg. Berühmte Konventsmitglieder waren etwa Friedrich Spee, der engagierte Bekämpfer der Hexenprozesse, oder die Historiker Christoph Brouwer und Jakob Masen. Ihre »Antiquitates et Annales Trevirenses« – eine umfassende Geschichte der Stadt und der Kirchenprovinz Trier von den legendären Anfängen bis ins 17. Jahrhundert – gelten als bedeutendes Kompendium gegenreformatorischer Geschichtsschreibung. Das Werk Brouwers erschien zunächst 1626 in Köln, wurde aber von Kurfürst Christoph von Sötern verboten und konnte erst nach der Bearbeitung durch Jakob Masen 1670 in Lüttich veröffentlicht werden.

1773 wurden der Jesuitenorden aufgehoben und bald danach in den Gebäuden ein Priesterseminar eingerichtet. Auch das Gymnasium wurde 1798 geschlossen, dann aber als Ecole secondaire wieder eröffnet und ab 1815 als königlich-preußisches Gymnasium fortgeführt – über 40 Jahre lang unter der Leitung Johann Hugo Wyttenbachs. Seit 1896 führte es den Namen Kgl. Friedrich-Wilhelms-Gymnasium. Es blieb bis zum Zweiten Weltkrieg am alten Standort, war dann lange Zeit provisorisch untergebracht und bezog 1961 einen Neubau in der Nähe der Kaiserthermen. Die wohl berühmtesten unter den vielen bedeutenden Schülern des FWG waren Karl Marx und Oswald von Nell-Breuning. Die Bibliothek der Jesuiten wiederum bildete eine der wesentlichen Grundlagen für die Trierer Stadtbibliothek, die bis 1957 ebenfalls im ehemaligen Kolleg untergebracht war.

Portrait des Caspar Olevianus, Heinrich Hondius, Kupferstich, 1602, Inv. Nr. V.333

Caspar Olevianus (1536–1587)

Der Kupferstich aus dem Jahre 1602 zeigt den bedeutenden Reformator Caspar Olevianus. Er wurde 1536 als Sohn eines Bäckers in dem bis heute erhaltenen und auf das 14. Jahrhundert zurückgehenden Haus in der Grabenstraße geboren. Sein Vater stammte aus dem Trierer Vorort Olewig, von da leitet sich der nach Humanistenart latinisierte Name Olevianus ab.

Mit 13 Jahren ging Caspar zum Studium nach Paris und später nach Orléans und Bourges. Hier wurde er im Geiste des Calvinismus geprägt und promovierte 1556 zum Doctor Juris. Sein weiterer Lebensweg führte ihn u. a. nach Genf, wo er bei Johannes Calvin studierte. Auf Wunsch evangelischer Ratsmitglieder und gefördert durch Calvin kehrte der 23-Jährige 1559 nach Trier zurück. Seine Predigten in deutscher Sprache zogen dort zahlreiche Bürger an und fanden auch im Stadtrat und bei den Zünften Rückhalt. Die evangelische Ratsminderheit wies ihm die Kirche des Bürgerspitals St. Jakob in der Fleischstraße – in der heutigen Galerie Kaschenbach – zu. Über das von den erzbischöflichen Räten ausgesprochene Predigtverbot setzte er sich hinweg.

Nach einigen Monaten schlug jedoch die katholische Mehrheit mit Hilfe erzbischöflicher Truppen den Reformationsversuch nieder. Gemeinsam mit anderen evangelischen Führern wurde Olevian aus Trier ausgewiesen.

Daraufhin folgte er dem Ruf des Kurfürsten Friedrich III. von der Pfalz an die Universität Heidelberg, wo er zum Doktor der Theologie promovierte und als Professor für Dogmatik lehrte. Caspar Olevian war Mitverfasser des Heidelberger Katechismus, des am weitesten verbreiteten Katechismus der reformierten Kirche. Auch die Neckarstadt musste er jedoch nach acht Jahren verlassen, als sich dort die lutherische Lehre durchsetzte. Schließlich ließ er sich in Berleburg und dann in Herborn nieder, wo er Gründungsrektor der calvinistischen Universität wurde und 1587 starb. Er gilt als einer der bedeutendsten deutschen Reformatoren.

Basilika, M. Wenk, Kastenbild, Holundermark, 1845, Inv. Nr. X.232

Kelch mit eingelassener Reformationsgedenkmedaille (Profilköpfe Luther und Calvin, Inschrift: »den 31. Oct. 1817«), am Fuß die Umschrift: »Der evangelischen Kirchengemeinde zu Trier. Die 14te Militair Division«, Christian Adam Koch, Goldschmiedemeister in Trier (1815–1828), Meisterzeichen: C. Koch, Silber mit Innenvergoldung, Leihgabe der Evangelischen Kirchengemeinde Trier

Einweihung der Basilika, A. Beck, Holzstich, 1856, Inv. Nr. V.209

Die Evangelische Kirchengemeinde in Trier

Nach dem gescheiterten Reformationsversuch von 1559 zogen erst wieder mit der preußischen Zeit ab 1814 Protestanten – vorwiegend Beamte und Militärs – in nennenswerter Zahl nach Trier. Da diese die Mitnutzung der früheren Jesuitenkirche anstrebten und dafür in Berlin Rückhalt fanden, kam es zu Konflikten mit den Katholiken. 1819 wurde die Kirche der evangelischen Gemeinde übergeben, 1856 zog diese in die wiederaufgebaute sog. Konstantinbasilika ein – eines der bedeutendsten Kirchenbauprojekte des preußischen Staates überhaupt und annähernd zeitgleich mit der Vollendung des Kölner Doms.

Auch nach der Reichsgründung 1871 ließen die Spannungen zwischen den Religionsgruppen nicht nach. Statt der Liberalen stellte die katholische Zentrumspartei bei den Reichstagswahlen fortan die Mehrheit in Trier. Das Trierer Priesterseminar wurde während des Kulturkampfes geschlossen, Bischof Matthias Eberhard zeitweise inhaftiert. Erst seit den 1880er Jahren fanden Trierer und Preußen, Katholiken und Protestanten allmählich zueinander.

Heute leben knapp 13.000 Protestanten in Trier; sie stellen damit die nach den Katholiken größte Religionsgemeinschaft. Noch größer ist mit über 15.000 allerdings die Zahl der Religionslosen.

Das wichtigste Gotteshaus der Evangelischen Gemeinde ist nach wie vor die Kirche zum Erlöser in der Konstantinbasilika. Weitere Gemeindezentren sind das Dietrich-Bonhoeffer-Haus unweit der Porta Nigra, die Christuskirche in Heiligkreuz und das Klaus-Lohmann-Haus auf der Tarforster Höhe, das nach einem Trierer Pfarrer der Evangelischen Bekennenden Kirche und Gegner des NS-Regimes benannt ist.

Abendmahlsgerät aus französischer Kriegsgefangenschaft, Weißblech, Leihgabe aus Privatbesitz

Das Abendmahlsgerät des Pfarrers Rolf Levin

Rolf Levin wurde 1916 in Arnstadt in Thüringen geboren. Als Mitglied der Bekennenden Kirche studierte er illegal Theologie. 1945 geriet er in französische Kriegsgefangenschaft in Hauteville bei Dijon. Dort lernte er einen – heute leider namentlich nicht mehr bekannten – Künstler kennen, der ihm aus Resten von Weißblech das hier gezeigte Abendmahlsgerät (Kelch, Kerzenleuchter, Patene, Hostienbehälter) herstellte. Das Gerät ist sehr kunstvoll gefertigt, es zeigt u.a. das Christogramm, das Lamm Gottes und die Lutherrose. Das Medaillon auf dem Deckel des Hostienbehälters stammt aus Lourdes und wurde Rolf Levin von einem katholischen Amtsbruder geschenkt.

Versehen mit einer Weichblechdose mit dem Abendmahlsgerät, einem Behältnis für den Wein und einem zusammenklappbaren Kreuz zog Rolf Levin von Lager zu Lager und betreute die Gefangenen als Seelsorger – zunächst noch ohne Ordination, sein Theologiestudium hatte er ja noch nicht abgeschlossen.

1948 wurde er dann in Angoulême ordiniert und im selben Jahr aus der Gefangenschaft entlassen. Er vollendete sein Studium, legte 1949 die Examen ab und heiratete die Pfarrerstochter und Gemeindehelferin Elisabeth Rüter in Mülheim an der Ruhr. Bis 1952 war er als Heimkehrerbetreuer in Duisburg tätig, dann als Pfarrer in Thalfang bei Trier. Von 1959 bis 1981 war er Pfarrer an der Kirche zum Erlöser in der Konstantinbasilika in Trier und nebenher Militärseelsorger. Rolf Levin starb 2003 im Alter von 87 Jahren, seine Witwe stellt dem Stadtmuseum Simeonstift das Abendmahlsgerät als Dauerleihgabe zur Verfügung.

Jüdisches Leben in Trier

Spätestens seit dem 11. Jahrhundert lebten Juden in Trier. Die meisten ihrer Häuser und Gemeinschaftseinrichtungen wie Synagoge, Frauenbad, Hospital und Spielhaus lagen in der Judengasse nahe beim Markt als Zentrum der Trierer Wirtschaft und beim Dom als Sitz ihres erzbischöflichen Schutzherrn.

Die Juden lebten vom Handel und insbesondere zur Zeit Erzbischof Balduins im 14. Jahrhundert von Geldgeschäften. Zu jener Zeit zogen auch zahlreiche der aus Frankreich vertriebenen Juden nach Trier.

Neben Zeiten friedlichen Zusammenlebens mit ihren christlichen Nachbarn wurden die Juden immer wieder Opfer von Pogromen, so anlässlich des Ersten Kreuzzugs 1096 und vor allem im Umfeld der Großen Pest 1349, als fast alle Judengemeinden im Reich ausgelöscht wurden.

Grabsteine auf dem jüdischen Friedhof in der Weidegasse

Zwar ließen sich bald darauf wieder vereinzelt Juden in Trier nieder, jedoch waren sie strikten Reglementierungen ausgesetzt, spielten nie wieder eine bedeutende Rolle für das Wirtschaftsleben der Stadt und wurden 1419 endgültig vertrieben. Erst im 17. Jahrhundert ließ man wieder Juden in Trier zu. Ihre Synagoge lag nun im Armenviertel an der Weberbach, wo sich auch die Häuser der Juden konzentrierten; der letzte dort lebende Rabbiner war der Großvater von Karl Marx.

Die Französische Revolution brachte auch in Trier den jüdischen Mitbürgern die formale Gleichberechtigung. Mit der Emanzipation der Juden im 19. Jahrhundert zogen die meisten von ihnen aus der Weberbach fort; die neue Synagoge entstand am Zuckerberg.

Seit 1933 belegten die Nationalsozialisten die Juden mit Repressionen. Wie überall im Reich wurde auch die Trierer Synagoge 1938 verwüstet. Von 1941 bis 1943 wurden Trierer Juden in die Vernichtungslager deportiert. Mehr als 300 kamen dort um, nur 14 kehrten in ihre alte Heimat zurück. 1957 wurde die neue Synagoge in der Kaiserstraße eingeweiht. Heute zählt die jüdische Gemeinde in Trier etwa 460 Mitglieder, die Mehrzahl davon sind Aussiedler aus der ehemaligen Sowjetunion.

Sabbatlampe, Messing, 19. Jahrhundert, Inv. Nr. X.724

Misrachtafel zur Angabe der Gebetsrichtung nach Jerusalem (Osten), kolorierte Radierung, 19. Jahrhundert, Inv. Nr. V.997

Die Trierer Synagoge von 1957

Die Erfassung der jüdischen Bevölkerung

Mit der Einführung der Ausweisungspflicht durch sog. »Kennkarten« gingen die Nationalsozialisten ab Januar 1939 einen weiteren Schritt zur Entrechtung und Ausgrenzung der Juden. Nachdem diese bereits 1935 ihre Reisepässe und im November 1938 dann auch ihre Führerscheine hatten abgeben müssen, waren die Kennkarten ihre einzigen amtlichen Identitätsnachweise. Eingetragen waren außer den üblichen persönlichen Meldedaten ein groß geschriebenes »J« für »Jude«, der Fingerabdruck des Inhabers sowie ein zweiter hebraisierter Zwangsvorname, »Sara« bei Frauen und »Israel« bei Männern. Durch diese Eintragungen wurden die Kennkarten in der Handhabung der Behörden zu Ausweisen eines minderwertigen Bürgerstatus, mit denen sich gegen die Inhaber immer neue Diskriminierungen wie die Zutrittsverbote in Geschäfte, Schwimmbäder und Straßenbahnen durchsetzen ließen. Dies war eine stigmatisierende Kennzeichnungspflicht, die ab September 1941 durch die Verordnung über das Tragen auffällig sichtbarer »Judensterne« verschärft wurde und in Verbindung mit weiteren bürokratischen Erfassungsmaßnahmen die planmäßigen Judendeportationen und -ermordungen ermöglichte.

Die 367 Kennkarten aus dem Stadtarchiv (als Reproduktionen ausgestellt) sind Schlüsseldokumente der Judenverfolgungen in Trier. Sie enthalten die Namen der 323 Deportierten, die zwischen Oktober 1941 und März 1943 bei den sog. »Judentransporten« die Stadt mit einem Sonderzug der Reichsbahn verlassen mussten und von denen die meisten in den Konzentrationslagern umkamen bzw. ermordet wurden. Die übrigen Kennkarten stammen von den im gleichen Zeitraum emigrierten oder in Trier verstorbenen Juden.

Kennkarte

Nächste Seite:
Gesamtansicht Kennkarten

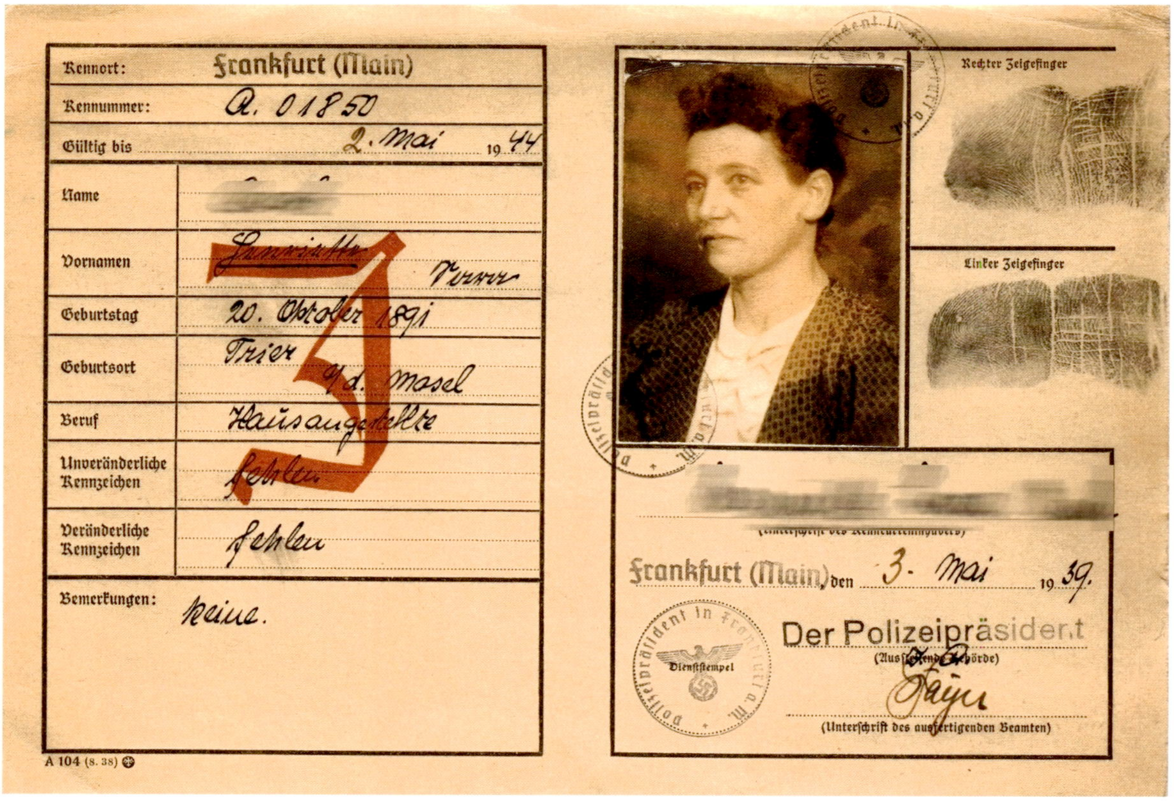

Kennort: Frankfurt (Main)
Kennummer: A. 01850
Gültig bis 2. Mai 1944
Name [redacted]
Vornamen
Geburtstag 20. Oktober 1891
Geburtsort Trier a/d. Mosel
Beruf Hausangestellte
Unveränderliche Kennzeichen fehlen
Veränderliche Kennzeichen fehlen
Bemerkungen: keine.
A 104 (8. 38)

Rechter Zeigefinger
Linker Zeigefinger

[redacted]
(Unterschrift des Kennkarteninhabers)
Frankfurt (Main), den 3. Mai 1939.
Dienststempel
Der Polizeipräsident
(Ausstellende Behörde)
(Unterschrift des ausfertigenden Beamten)

Muslime in Trier

In Trier leben heute über 2000 Muslime, meist mit afrikanischem, arabischem oder türkischem Hintergrund. Neben den Migranten bekennen sich auch viele Studierende und Asylanten zum Islam. Als Gebets-, Versammlungs- und Vortragsraum dient seit 2002 die Moschee in der Luxemburger Straße, daneben gibt es die pakistanische Moschee in der Domänenstraße. Die Muslime stellen auch in Trier die am schnellsten wachsende Religionsgemeinschaft dar, auch wenn ihr Bevölkerungsanteil mit gut 2 % weit unter dem vieler Großstädte liegt und erheblich geringer ist als der der Katholiken, der Religionslosen und der Protestanten.

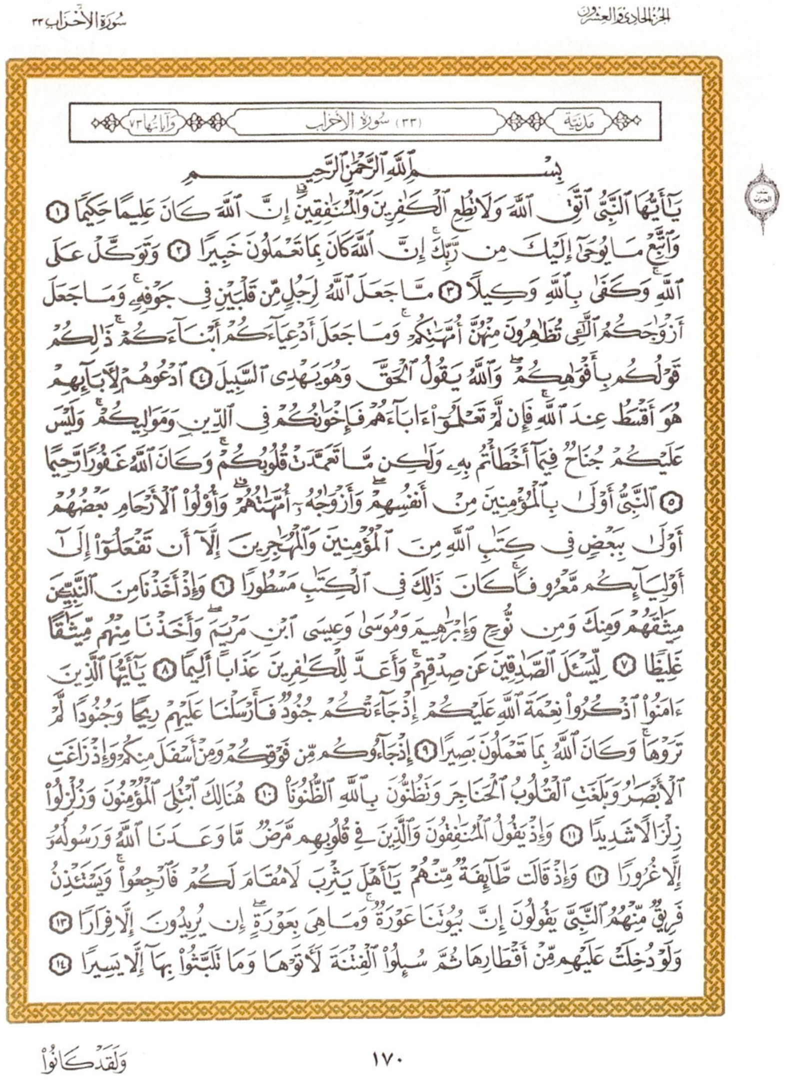
الجزء الحادي والعشرون — سورة الأحزاب ٣٣

مدنية — سورة الأحزاب (٣٣) — وآياتها ٧٣

بسم الله الرحمن الرحيم

يا أيها النبي اتق الله ولا تطع الكافرين والمنافقين إن الله كان عليما حكيما ﴿١﴾ واتبع ما يوحى إليك من ربك إن الله كان بما تعملون خبيرا ﴿٢﴾ وتوكل على الله وكفى بالله وكيلا ﴿٣﴾ ما جعل الله لرجل من قلبين في جوفه وما جعل أزواجكم اللائي تظاهرون منهن أمهاتكم وما جعل أدعياءكم أبناءكم ذلكم قولكم بأفواهكم والله يقول الحق وهو يهدي السبيل ﴿٤﴾ ادعوهم لآبائهم هو أقسط عند الله فإن لم تعلموا آباءهم فإخوانكم في الدين ومواليكم وليس عليكم جناح فيما أخطأتم به ولكن ما تعمدت قلوبكم وكان الله غفورا رحيما ﴿٥﴾ النبي أولى بالمؤمنين من أنفسهم وأزواجه أمهاتهم وأولوا الأرحام بعضهم أولى ببعض في كتاب الله من المؤمنين والمهاجرين إلا أن تفعلوا إلى أوليائكم معروفا كان ذلك في الكتاب مسطورا ﴿٦﴾ وإذ أخذنا من النبيين ميثاقهم ومنك ومن نوح وإبراهيم وموسى وعيسى ابن مريم وأخذنا منهم ميثاقا غليظا ﴿٧﴾ ليسأل الصادقين عن صدقهم وأعد للكافرين عذابا أليما ﴿٨﴾ يا أيها الذين آمنوا اذكروا نعمة الله عليكم إذ جاءتكم جنود فأرسلنا عليهم ريحا وجنودا لم تروها وكان الله بما تعملون بصيرا ﴿٩﴾ إذ جاءوكم من فوقكم ومن أسفل منكم وإذ زاغت الأبصار وبلغت القلوب الحناجر وتظنون بالله الظنونا ﴿١٠﴾ هنالك ابتلي المؤمنون وزلزلوا زلزالا شديدا ﴿١١﴾ وإذ يقول المنافقون والذين في قلوبهم مرض ما وعدنا الله ورسوله إلا غرورا ﴿١٢﴾ وإذ قالت طائفة منهم يا أهل يثرب لا مقام لكم فارجعوا ويستأذن فريق منهم النبي يقولون إن بيوتنا عورة وما هي بعورة إن يريدون إلا فرارا ﴿١٣﴾ ولو دخلت عليهم من أقطارها ثم سئلوا الفتنة لآتوها وما تلبثوا بها إلا يسيرا ﴿١٤﴾

ولقد كانوا — ١٧٠

Koranausgabe

MODE UND TEXTILIEN

Tracht/Regionale Kleidung

Im Jahre 1901 beauftragte der Trierer Regierungspräsident den Regierungs- und Baurat Franz von Pelser-Berensberg, eine Sammlung »Trierer Altertümer« zusammenzustellen.

Innerhalb von drei Monaten wurden mehrere hundert Teile erworben – darunter viele Textilien und Kleidungsstücke aus dem Eifel-, Hunsrück-, Saar- und Moselraum, die noch im gleichen Jahr dem Museum übergeben wurden. Diese Objekte aus der Zeit von ca. 1700 bis 1850 bildeten den Grundstock der heutigen Textilsammlung des Stadtmuseums Simeonstift.

Zahlreiche kostbare Kopfbedeckungen, die von Pelser-Berensberg zusammengetragen wurden, zeigen in Schnitt, Material und Verarbeitung die facettenreichen Sitten und Bräuche der einzelnen Regionen im Trierer Umland. Einige Textilien, wie zum Beispiel das bestickte weiße Brauttuch, verschiedene Haubenformen, der Blaukittel und die Zipfelmütze waren in der gesamten Region verbreitet und nicht nur auf ein bestimmtes Gebiet begrenzt, lediglich die Bezeichnungen dafür konnten sich je nach ortsüblichem Dialekt verändern. Das sogenannte »Schnaubdich« in quadratischer Form begleitete seine Trägerin von der Hochzeit bis zum Tod. Der Verstorbenen wurde die Hälfte des diagonal durchgeschnittenen Tuches mit ins Grab gegeben, die andere Hälfte behielt die Familie als Erinnerungsstück. Den blauen Leinenkittel trugen wohlhabende Bauern am Sonntag zum Kirchgang und wenn er etwas abgetragener war, fand er als Arbeitskittel Verwendung. Die gestrickte Zipfelmütze, die uns heute sehr modern erscheint, gehörte ebenfalls zur textilen Ausstattung der Bauern. Zuerst bei der Hochzeit getragen, wurde sie später zu einem Kleidungsstück des Sonntags, und an kalten Wintertagen trug man die wärmende Mütze auch unter dem Hut. Das lang herabhängende Ende soll sogar als Behältnis zur Aufbewahrung von Geld gedient haben.

»Ohreisen-Haube«, Seidensamt, geformte Metallfäden (Bouillon), Pailletten, Baumwollfutter, 1. Drittel 19. Jahrhundert, Inv. Nr. VII.439 und **Haarpfeil »Tugendpfeil«**, Kupfer versilbert, graviert, letztes Viertel 18. Jahrhundert, Inv. Nr. X.409 – beide Teile Südeifel-Mosel (wohl Münstermaifeld)

Eine sehr ungewöhnliche Form der Kopfbedeckung war die nur in der Südeifel und an der unteren Mosel gebräuchliche sogenannte »Ohreisenmütze« mit separatem »Ohreisen« und dem »Tugendpfeil«. Dieser dreiteilige Kopfschmuck durfte ausnahmslos nur von Jungfrauen an Sonn- und Feiertagen getragen werden.

Durch Märkte und Handel mit bäuerlichen Produkten des Umlandes gehörte die regionaltypische Bekleidung der ländlichen Bevölkerung bis in die 2. Hälfte des 19. Jahrhunderts zum Trierer Stadtbild, sie verschwand aber in der Zeit um 1900/1910. Das besondere Anliegen von Franz von Pelser-Berensberg bei der Gründung der Sammlung war die Erhaltung dieser Textilien für die Nachwelt. Von seinen umfangreichen Bemühungen profitieren wir nach mehr als 100 Jahren glücklicherweise noch heute.

Städtische Mode / Kleidung der Kurfürstenzeit bis heute

Mittels besonders kostbarer Materialien und aufwändiger Schnittformen grenzten sich Großbürgertum und Adel von der übrigen Gesellschaft ab und präsentierten ihre sozial privilegierte Stellung deutlich nach außen. Das Spiel mit der Mode gehörte zum täglichen Zeitvertreib, und die schnell wechselnden Vorgaben aus Frankreich wie auch wirtschaftliche und politische Einflüsse verhalfen der Kleidung zu immer neuem Aussehen.

Im 18. und bis zur Mitte des 19. Jahrhunderts blieb die direkte Orientierung an modischen Vorbildern das Privileg der Wohlhabenden. Mit der Industrialisierung der Textilherstellung und der Konfektionierung von Kleidungsstücken ab der 2. Hälfte des 19. Jahrhunderts erhielten auch »weniger betuchte« Bevölkerungsschichten die Möglichkeit, sich an der aktuellen Mode zu orientieren.

Der kostbare Festanzug des Hüttenbesitzers und Bürgermeisters Ludwig Karl Gottbill von 1769 verdeutlicht die direkte Adaption einer höfisch beeinflussten französischen Herrenkleidung. In den darauffolgenden 200 Jahren wurden in Trier – wie auch in der übrigen westlich orientierten Welt – die Pariser Vorgaben zum absoluten Muss.

Mit der Französischen Revolution 1789 verlor allerdings die Herrenmode durch das Fehlen entsprechender Vorbilder ihr prächtiges Aussehen. Danach dominierten kurzfristig englische Einflüsse das Erscheinungsbild der modischen Herren und etwa ab 1830/40 kleideten sie sich fast ausschließlich in komplett einfarbige Anzüge in gedeckten dunklen Farben, meistens in Schwarz. Die steigenden beruflichen Anforderungen ließen den Männern nur wenig Zeit, sich intensiver mit der Gestaltung ihrer Kleidung zu beschäftigen. Lediglich die Westen wurden oft aus farbigen und lebhaft gemusterten Seidenstoffen gefertigt. Herrenbekleidung aus den Jahren von etwa 1800 bis 1900 ist sehr selten erhalten, da sie keinem nennenswerten Modewechsel unterlag und über längere Zeit getragen werden konnte. Dies hatte zur Folge, dass die Jacken und Hosen meistens zerschlissen wurden und durch die Verwendung von Wollstoffen oft den Motten und sonstigen Textilschädlingen zum Opfer fielen.

Detail einer Weste des Ludwig Karl Gottbill, bestickter Seidenatlas, Trier um 1770, Inv. VII 339 b

Die Damenmode veränderte sich ständig unter den neuesten Modevorgaben aus Paris. Vermögende Damen hatten die Möglichkeit, immer wieder neue Stoffe zu erwerben und sich Kleider in der aktuellen Mode anfertigen zu lassen. Die Textilien, die aus modischen Gründen nicht mehr tragbar waren, verwahrte man sorgfältig als Erinnerungsstücke oder gab die weniger kostbaren Teile an finanziell schwächere Verwandte oder Dienstboten weiter. Im Mittelstand wurden häufig die alten Kleider abgeändert oder aufgetrennt und zu neuen Modellen umgearbeitet. Kinderkleidung nähte man beispielsweise fast ausschließlich aus älteren Kleidern oder aus Stoffresten.

Natürlich orientierten sich die Damen auch in Trier direkt an Pariser Modevorbildern. Die Historie berichtet, einige wohlhabende Trierer Damen hätten sich im Jahr

1804 anlässlich des Besuches von Napoleon Bonaparte eigens Kleider in Paris bestellt und bei diesem wichtigen Ereignis getragen. In der Sammlung des Stadtmuseums Simeonstift befinden sich einige wenige Kleidungsstücke aus dem späten 19. Jahrhundert, die durch eine entsprechende Herstellermarkierung als Importprodukt aus Frankreich zu identifizieren sind.

Inzwischen wird in Trier schon seit neun Jahrzehnten Mode gestaltet, die sich heute an weltweit geltenden Trends orientiert. Mit dem Studiengang Modedesign des Fachbereichs Gestaltung der Fachhochschule Trier, der bereits als Modeklasse der Trierer Werkkunstschule im Jahr 1922 gegründet worden war, entwickelte sich Trier zum modeschaffenden Zentrum in Rheinland-Pfalz.

Dreiteiliger Anzug des Trierer Bürgermeisters Gottbill

Zu den Highlights der Textilsammlung gehört der dreiteilige Galaanzug des Trierer Bürgermeisters und Hüttenbesitzers Ludwig Karl Gottbill.

Bestehend aus Jacke (»Justeaucorps«), Weste und Kniebundhose (den sogenannten »Culottes«), wurden diese repräsentativen Kleidungsstücke aus kostbarer webgemusterter Seide, die vermutlich aus Lyon importiert wurde, geschneidert. Der um 1770 hergestellte »Habit à la française« (›Anzug nach französischer Art‹) unterstrich in der aufwändigen Materialverwendung und durch den französisch orientierten Schnitt die starke Anlehnung an die Sitten und Lebensweise der wohlhabenden Bürger unseres Nachbarlandes, aber vor allem repräsentiert er den Luxus des Adels und des herrschenden Königshauses.

Zur vornehmen Trierer Gesellschaft gehörend, war es für Gottbill unerlässlich, sich an diesen allgemein gültigen Vorbildern zu orientieren und ein – selbst für das 18. Jahrhundert – äußerst wertvolles Material für seinen Anzug zu wählen.

Ein typisches Beispiel für die gebräuchliche Westenform der Zeit von etwa 1730 bis 1800 ist die crémefarbene Atlasweste mit reicher Stickerei, ebenfalls für Gottbill angefertigt. Die sogenannte »Halbfertigware« oder »vorkonfektionierte Ware« konnte als Stoffstück mit vorgesticktem Muster – im Schnittbild einer Weste – im Modeladen erworben und anschließend vom Schneider zu einer Weste verarbeitet werden.

Nur selten ist historische Kleidung – auch aus jüngerer Zeit – so gut erhalten wie diese seidenen Exponate und noch seltener sind uns der ursprüngliche Träger oder die Trägerin heute noch bekannt. Durch glückliche Zufälle, wie zum Beispiel durch die spätere Verwendung bei Kostümbällen oder durch ein ausgeprägtes, über mehrere Generationen anhaltendes Traditionsbewusstsein innerhalb einer Familie, wurden uns Textilien und die Namen ihrer ursprünglichen Besitzer überliefert. Im Jahr 1984 gelangten der komplette Anzug und zwei weitere Westen durch Schenkung der Nachfahren von Ludwig Karl Gottbill in den Besitz des Stadtmuseums Simeonstift. Auf dem Porträt Gottbills, das etwa zur gleichen Zeit wie der Anzug entstanden ist, trägt er eine fast identische Kombination, die ihn als wohlhabenden Bürger des Rokoko darstellt.

Herrenanzug (»Habit à la française«) des Bürgermeisters Ludwig Karl Gottbill, Anfertigung Region Trier, Seidenjacquard wohl aus Frankreich (Lyon), Leinen- und Seidenfutter, um 1770, Inv. Nr. VII.339 c–e

Gesellschaftskleid, changierender Seidentaft, Trier um 1825, Inv. VII 594

Blaues Gesellschaftskleid, um 1825

Nach der Französischen Revolution veränderten sich die Bekleidungsformen grundlegend, um sich von der höfischen Mode der royalen Herrschaft abzugrenzen und endgültig zu befreien.

Die Annäherung der Mode an die zweckmäßige und bequeme Kleidung des Bürgertums wurde zur absoluten Pflicht, um politisch und gesellschaftlich konform zu sein. Teilweise instrumentalisierte man die Kleidung der Zeit zwischen 1790 und 1800 zur politischen Propaganda, und so konnte die falsche Wahl oder Zusammenstellung der Bekleidung mitunter den Weg zum Schafott bedeuten. Um sich möglichst weit vom Adel der prärevolutionären Zeit zu entfernen, entwickelte man gegensätzliche Formen und Materialien. So ersetzte man die teuren schweren Seidenstoffe durch dünne, fast transparente Baumwoll- und Leinenstoffe, und die eng geschnürte Taille musste den lose anliegenden Hemdkleidern weichen.

Mit der Krönung Napoleons I. und dem Beginn des ersten Kaiserreiches kehrte die Mode in allen ihren Facetten zu höfischem Pomp, diesmal allerdings stark beeinflusst durch antike Stilelemente zurück. Mit dem Ende der napoleonischen Herrschaft erlangte das Bürgertum ein neues Selbstbewusstsein, bezog aber weiterhin seine stilistischen Ideen aus vergangenen Zeiten.

Nun wurde die italienische Renaissance zum Ausgangspunkt für neue Formvorgaben, und die Porträts der frühen Biedermeierzeit mit der dargestellten zeitgenössischen Mode erinnern stark an Porträts des 15. und 16. Jahrhunderts.

In seiner klaren Form und der zurückhaltenden Farbgebung wird das um 1825 entstandene Kleid aus blau-schwarz changierend gewebter Seide zum idealen Beispiel für die Übergangsmode der Empirezeit zum Biedermeier. Die leicht erhöhte Taille, der mäßig weite Rocksaum und der relativ weiche Seidenatlas weisen noch auf die vergangene Epoche hin, wogegen der eingesetzte Bund, aber besonders die weiten Keulenärmel schon die kommenden Modeideale ankündigen.

Der weite Halsausschnitt war im zweiten Drittel des 19. Jahrhunderts ausschließlich den Gesellschaftsroben und Ballroben vorbehalten, wobei letztere kurze Puffärmel haben mussten.

Die Kleidersitten wurden während des gesamten Jahrhunderts durch strenge Unterscheidungen je nach Anlass bestimmt. Eine vornehme Dame hatte häufig mehrere gesellschaftliche Verpflichtungen an einem Tag zu erfüllen und musste sich nicht selten bis zu fünf mal umkleiden. Das zweifelsohne anstrengende, aber auch sehr kostspielige Unterfangen war ein absolutes Muss; ohne die Gefahr der gesellschaftlichen Ächtung konnte die Einhaltung der Modevorgaben nicht gebrochen werden. Für den Ehemann war die standesgemäße Ausstattung seiner Frau besonders wichtig, stellte sie doch deutlich den wirtschaftlichen Erfolg und die Geschäftstüchtigkeit des Familienoberhauptes dar.

Kinderkleid, um 1845

Zu Anfang des 19. Jahrhunderts begannen sich Pädagogen und fortschrittliche Eltern mit dem Thema »Kindheit« und mit kindgerechter Bekleidung zu beschäftigen. Bis zu dieser Zeit wurden Kinder in erster Linie als unfertige Erwachsene angesehen und dementsprechend in Miniaturausgaben der Erwachsenenkleidung gezwängt.

Die Reformierung der Kindermode setzte sich nur sehr schleppend durch und es dauerte bis weit über die Mitte des Jahrhunderts hinaus, bis erste deutliche Veränderungen erkennbar wurden. Anfänglich verkürzte sich im Verhältnis zur Kleidung der Erwachsenen lediglich die Rocklänge, und durch die verwendeten Materialien – meist Baumwolle und Leinen – konnten Alltagskleider relativ problemlos gewaschen werden. Über seidenen Sonntagskleidern trugen die Kinder häufig weiße Schürzen, um die wertvollen Gewebe vor Verschmutzungen durch den kindlichen Bewegungsdrang zu schützen.

Auch Knaben trugen bis etwa zu ihrem fünften oder sechsten Lebensjahr Kleider, in fortgeschrittenem Alter manchmal mit weiten langen Hosen ergänzt. Diese seit Jahrhunderten herrschende Tradition hatte verschiedene Gründe, am wahrscheinlichsten ist wohl die Tatsache, dass die zu dieser Zeit noch ausgesprochen großen Windelpakete besser unter einem Rock als in einer Hose versteckt werden konnten.

Kinderkleid, bedruckte Baumwolle, um 1845
Inv. Nr. VII.622

Das geblümte Kinderkleid aus der Zeit um 1845 wurde vermutlich für ein zehn bis zwölf Jahre altes Mädchen angefertigt. Von einem Kind diesen Alters wurden bereits sehr gesittete Umgangsformen erwartet, weshalb der Rock hier – nach dem Vorbild der Erwachsenen – fast bis zum Boden reicht. Der fein bedruckte Baumwollstoff sowie der halsferne Ausschnitt und die halblangen Ärmel sprechen dafür, dass es sich hier um ein Sommerkleid handelt. Häufig wurden unter solchen Kleidern Blusen aus feiner Baumwolle getragen, die am Ausschnitt und an den Ärmeln hervortraten. Die Raffungen des Oberteils, die vorne an der Taille in eine dicht eingeriehene, angedeutete Spitze enden, sind typische Merkmale für die Sommerkleider der 1840er Jahre.

Besonders auffallend ist bei diesem Kleid die sehr schmale Taille, die bereits bei einem sehr jungen Mädchen auf die Verwendung eines Korsetts schließen lässt. Nachdem in den Jahren zuvor die sichtbare Korsettierung erst langsam wieder gebräuchlich geworden war, begann man mit zunehmender Weite der Rocksäume, die Taille immer enger zu formen. Bereits in frühester Jugend schnürte man den Oberkörper häufig so eng ein, dass im Erwachsenenalter das Schönheitsideal der »Sanduhr-Silhouette« erfüllt werden konnte.

Rosa Perlenkleid, um 1924/25

Zu Anfang des 20. Jahrhunderts begann eine völlig neue Epoche in der Damenmode. Durch die Reformbewegung, die schon seit einigen Jahren von Künstlerkreisen initiiert worden war, insbesondere aber durch den Ersten Weltkrieg, veränderte sich die Rolle der Frau in der Gesellschaft grundlegend. Diese Veränderungen zogen natürlich auch eine Anpassung der Kleidung nach sich.

Beeinflusst von der Reformkleidung, die das Korsett massiv als gesundheitsschädlich ablehnte und bekämpfte, kreierte Paul Poiret in Paris einen neuen Modestil. Er verkürzte die Röcke und ließ orientalische Vorbilder in seine Entwürfe einfließen. Auch Coco Chanel sorgte durch ihre neuen Ideen für eine Veränderung der traditionellen Bekleidung. Nun mussten die Textilien bequem und zweckmäßig sein; wie in der Empiremode, mehr als hundert Jahre zuvor, ersetzten die Modeschöpfer die dicht gewebten starren Stoffe durch weich fließende, teilweise transparente Gewebe.

Das schmal fallende Abendkleid von etwa 1925 aus Seidengeorgette und Metallspitze ist in einem Farbverlauf von hellrosa zu pink eingetönt und mit Tausenden kleiner Glasperlen bestickt. Solche Kleider waren in den »Goldenen Zwanziger Jahren« sehr beliebt. In unbesticktem Zustand wiegt ein solches Kleid nur etwa 200 Gramm, durch die vielen Glasperlen und Metallfäden können die sogenannten »Charlestonkleider« bis zu fünf Kilogramm schwer sein.

Wie schon die Westen des 18. Jahrhunderts wurden solche Kleider in der fertigen Schnittform auf den Stoff aufgestickt und zum Teil als vorkonfektionierte Ware verkauft. In Frankreich, wo die meisten dieser Perlenkleider entstanden, entwickelte sich eine kleine Industrie zur Herstellung solcher Modelle. Jedes Teil wurde als Einzelstück – von der Stickerei bis zum fertigen Kleid – angefertigt und aufgrund der umfangreichen handgestickten Verzierungen und Applikationen verlangte man entsprechend hohe Preise für die exquisiten Stücke.

Auch dieses Kleid stammt aus französischer Produktion und wurde vermutlich als Konfektionsware nach Deutschland importiert oder von einer Reise mitgebracht. Bezeichnend für die Schnittform der Zwanziger Jahre ist die hemdartige gerade Form mit vertiefter Taillenlinie und zipfelartig angesetztem Rock.

Die Motive der Stickereien wurden meistens aus stilisierten floralen und geometrischen Mustern zusammengestellt oder erhielten ihre Formideen von historischen Vorbildern. Als Howard Carter 1922 das Grab von Tutanchamun entdeckte, verzierte man viele Kleidungsstücke und Modeaccessoires mit ägyptisch inspirierten Elementen.

Abendkleid, mit Glasperlen bestickter Seidengeorgette, Metallfäden und -spitze, Frankreich um 1924/25, Inv. VII 853

Koptische Textilien

Gegen Ende des 19. Jahrhunderts wuchs das öffentliche Interesse an antikem Kunsthandwerk; in nahezu jedem größeren Museum wurden die Sammlungsbestände mit entsprechenden Exponaten erweitert.

Der Kommerzienrat und Gerbereibesitzer Wilhelm Rautenstrauch erwarb 1896 eine umfangreiche Sammlung koptischer Textilien und machte sie der Stadt Trier 1907 als Studiensammlung für die örtlichen Kunstgewerbetreibenden zum Geschenk.

Die aus dem oberägyptischen Akhmim / Panopolis stammenden Grabfunde vermitteln in Fragmenten wie auch in kompletten Kleidungsstücken die kunsthandwerklichen Fähigkeiten der Textilherstellung des 3. bis 12. Jahrhundert n. Chr. In der Kunst der Kopten verschmelzen altägyptische Traditionen mit spätantiken und christlichen Elemen ten zu einer Einheit. Später beeinflussten zusätzlich arabische Stilelemente diese Form der koptischen Volkskunst.

Als Auftragsarbeiten in offiziellen Werkstätten gefertigt, wurden die Textilien des täglichen Gebrauchs – je nach den finanziellen Möglichkeiten der Auftraggeber – mit aufwändigen Ornamenten und figürlichen Darstellungen versehen.

Die koptische Kunst ist bisher noch zu wenig erforscht, um die Schwierigkeiten der genauen Datierung der Textilien zu meistern. Die Motive der Verzierungen wurden teilweise über eine lange Zeitspanne verwendet. Seit einigen Jahren bemüht man sich jedoch, die Technik der Herstellung zu analysieren, zu lokalisieren und zeitlich genauer einzugrenzen. Dabei ordneten sich die Textilien des 3. bis 9. Jahrhunderts n. Chr. stilistisch in die beiden aufeinanderfolgenden Hauptgruppen der hellenistischen und der koptischen Gestaltung.

Die hellenistische Gruppe ist etwa in die Zeit vom 3. bis zum 5. Jahrhundert einzuordnen. Zur Gestaltung der Besatzmotive gehörten Szenen aus der griechischen Mythologie in einem lebendigen naturalistischen Stil. Hierauf folgte eine Zwischenstufe im 5. und 6. Jahrhundert mit Besätzen, vorwiegend Medaillons, die abstrakte Ornamente auf dunklem Grund mit Rauten, Knotenmustern und Flechtornamenten aufwiesen. Ab dem 6. Jahrhundert beherrschten Tier-, Reiter- und Soldatendarstellungen – oft persischen Ursprungs – die Ornamentik der koptischen Gruppe.

Orbiculus mit der Josephsgeschichte aus dem Alten Testament, vermutlich zentrales Zierstück einer Tunika, Leinen, Wolle, 7.–8. Jahrhundert n. Chr., Inv. Nr. VII.52

Mumienporträts und Mumienmasken

Im Gegensatz zu den koptischen Textilien, die als Objekte des täglichen Gebrauchs mit in die Grabstätte gelegt wurden, handelt es sich bei den Mumienporträts und Mumienmasken um speziell für die Bestattung gefertigte Gegenstände.

An den Fundorten der meisten dieser Grabbeigaben – Hawara, er-Rubayat und Antinoopolis – existierten unterschiedliche Mumiendekorationen zeitgleich direkt nebeneinander: in altägyptischer Tradition gefertigte stilisierte Stuckmasken mit Leinenverstärkung, häufig auch mit reicher Vergoldung belegt, sowie römisch beeinflusste lebensecht wirkende Porträts in Enkaustik (Wachstechnik).

Die ab etwa Mitte des 1. bis weit ins 3. Jahrhundert n. Chr. geschaffenen Abbilder auf den Mumienporträts der Verstorbenen geben uns heute eine annähernde Vorstellung, wie die römische Bevölkerung auch in Trier kurz nach der Stadtgründung ausgesehen haben mag.

Die Mumienmasken wurden wahrscheinlich nicht als Porträts angefertigt, sondern waren fertige Serienprodukte. Je nach den finanziellen Möglichkeiten der Hinterbliebenen waren sie mehr oder weniger aufwändig gestaltet. Zum Teil gab es Masken, die nur den Kopfbereich bedeckten, andere reichten bis zur Schulter- oder Brustpartie, wobei auch oft die Hände angeformt wurden. Wiederum andere bedeckten die gesamte Oberseite des Körpers und wurden so zu halben Mumienhüllen. Die frühen Masken aus dem 1. Jahrhundert weisen naturgemäß noch die stärksten stilistischen Merkmale der Pharaonenzeit auf. Gleichzeitig existieren Masken mit deutlich hellenistischen Einflüssen, und im 2. und 3. Jahrhundert überwiegen Mumienmasken in unverkennbar römischem Stil.

Die Mumienmaske einer Frau aus der Zeit um 100 n. Chr. wurde sicherlich auch als Serienprodukt hergestellt. Die Frisur mit dem breiten Haarkranz am Oberkopf ist deutlich an die damals gebräuchliche römische Haarmode angelehnt. Um ein lebensechtes Aussehen zu erzielen, arbeitete der Hersteller Augen aus Glaspaste in die Maske ein. An den Ohrläppchen sind kleine Ohrringe erkennbar und am unteren Rand wurden Schnüre mit Glasperlen angebracht, um die Verstorbene standesgemäß zu schmücken. Die Form und die Bruchkanten lassen vermuten, dass es sich hierbei ursprünglich um eine Mumienmaske mit angeformtem Bruststück handelte. Der Vergleich mit anderen Exponaten der gleichen Zeit lässt Rückschlüsse darauf zu, dass diese Masken zwar keine unmittelbaren Porträts der Toten waren, aber doch durch kleine individuelle Veränderungen der Bemalung und der Zierelemente eine möglichst nahe Ähnlichkeit mit der bestatteten Person zu erreichen suchten.

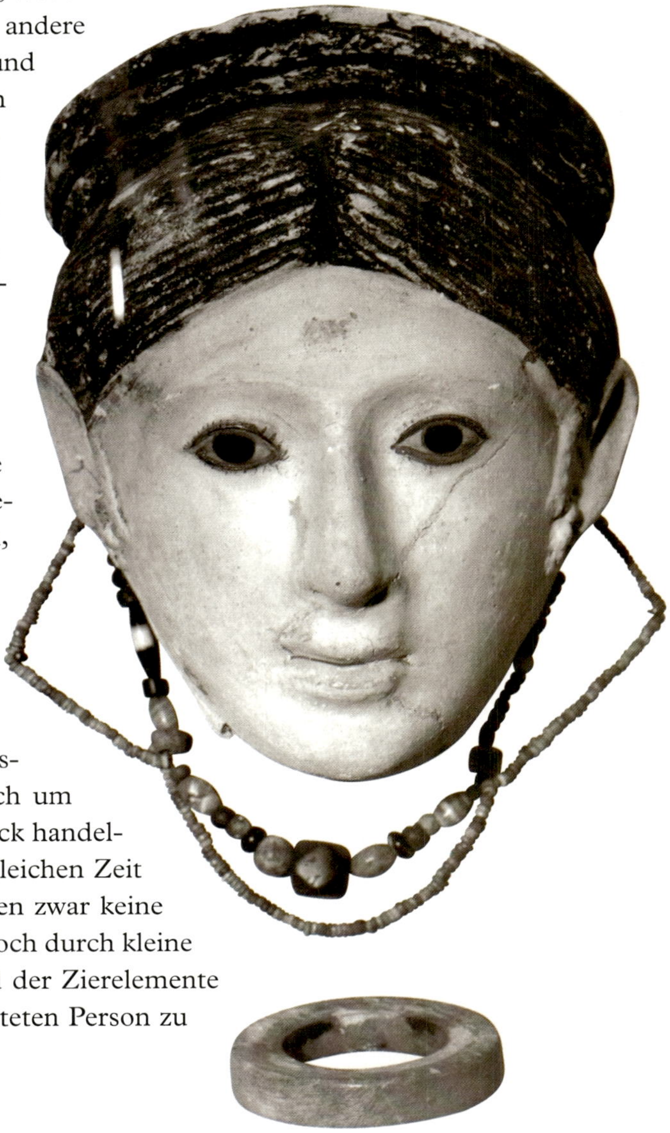

Mumienmaske einer Frau, stuckierte Leinwand, Glasperlen, 2. Viertel des 1. Jahrhunderts n. Chr., Inv. Nr. II.59

Mumienporträt einer jungen Frau, Wachs auf Holz (Enkaustik-Technik), 96–117 n. Chr., Inv. Nr. III.190

STIFTER IM STIFT

In diesem Kabinett stellen wir die wichtigsten Mäzene des Museums vor. Es waren kunstinteressierte Trierer Bürger, die mit der großzügigen Überlassung ihrer Sammlungen den Grundstock für ein Stadtmuseum gelegt haben. Bereits 1830/31 stiftete der Trierer Richter und Gerichtspräsident Johann Peter Job Hermes, dem übrigens auch die Stadtbibliothek ihren Gründungsbestand verdankt, seine umfangreiche Sammlung von Gemälden, Glaserzeugnissen, Alabasterreliefs und kunstgewerblichen Stücken der Stadt. 1878 kam die ethnologische und heute leider verschollene Sammlung des Beigeordneten und Bibliotheksdirektors Dr. Carl Schoemann hinzu mit einem Schwerpunkt auf malaiischen Schattentheaterfiguren, Waffen, Modellen und Alltagsgegenständen. Bereichert um die koptischen und europäischen Textilien der Sammlung des Kaufmanns und Politikers Wilhelm Rautenstrauch und um die Gemäldesammlung des Kirchen- und Kunsthistorikers Prof. Dr. Franz Xaver Kraus, konnte die Stadt 1904 im Roten Haus am Hauptmarkt ein Museum für die Trierer Bürger eröffnen. Nach dem Zweiten Weltkrieg fanden die städtischen Museumsbestände einen neuen Platz im romanischen Simeonstift. Ab 1984 stiftete die Trierer Weinhändlerfamilie Kuno und Irmgard Stapel Möbel und Gemälde, aber auch Immobilien und Geldmittel für wichtige Restaurierungen, Forschungsprojekte und Publikationen. Eine der jüngsten größeren Stiftungen war die Sammlung des Industriemanagers Dr. Martin Schunck mit Gemälden, Ostasiatika, Miniaturen und kunstgewerblichen Gegenständen.

Wichtige Bestandserweiterungen brachten auch die Teilnachlässe der Trierer Maler Hans Adamy, Fritz Quant und Alexander Mohr. Sie kamen durch ein Vermächtnis des Künstlers Adamy bzw. durch Schenkungen der Erbinnen Maria Quant-Scherzberg (Trier) und Marianna P. Monaco (Los Angeles) an das Stadtmuseum Simeonstift.

All diese Stifter und natürlich auch die vielen Trierer Bürger, die mit Einzellegaten den Bestand des Hauses bereichert haben, tragen mit ihrem Engagement und ihrer großzügigen Unterstützung dazu bei, einen Ort zu schaffen, an dem auch künftige Generationen einen umfassenden Überblick über die Geschichte und die Kultur der Stadt und ihrer Region gewinnen können.

Bildnis des Richters und Kunstsammlers Johann Peter Job Hermes, Johann Anton Ramboux, Ölgemälde, um 1825, Inv. Nr. III.77

Bildnis des Beigeordneten und Bibliotheksdirektors Dr. Carl Schoemann, Öl auf Holz, um 1840, Privatbesitz

Franz Xaver Kraus als Kaplan in Pfalzel, Johann Peter Kraus, Ölgemälde, um 1865/70, Inv. Nr. III.584

Porträt Wilhelm Rautenstrauch, Peter Krisam, Zeichnung, 1932, Inv. Nr. IV.256

Porträt Kuno Stapel, M. Oberhoffer, Ölgemälde, 1929, Inv. Nr. III.1412

Irmgard Stapel

Dr. Martin Schunck

Selbstbildnis im Oval, Fritz Quant, Ölgemälde, 1908, Inv. Nr. III.356

Selbstporträt, Alexander Mohr, Lithographie, um 1920, Inv. Nr. V.1538

Selbstporträt, Hans Adamy, Öl auf Hartfaser, 1954, Inv. Nr. III.404

Maria Quant-Scherzberg

Marianna P. Monaco

MUSEUM VIRTUELL

Einen Schwerpunkt des Stadtmuseums Simeonstift Trier bilden neben den reichen Sammlungen die virtuellen Darstellungen in Form von Filmen und Bildfolgen, die zum Teil schon auf dem Ausstellungsrundgang, zusätzlich aber alle im »Trier-Kino« im Erdgeschoss neben dem Trebetasaal interaktiv abrufbar sind.

Unter den dortigen Filmen ragen als Highlights etwa diejenigen aus dem Nationalarchiv in Washington hervor, die den Einmarsch der amerikanischen Truppen 1918 nach Trier und Umgebung zeigen; ebenso ein Privatfilm, der Einblick in das Trier der 1940er Jahre gibt. Als höchst unterhaltsam erweist sich auch eine Dokumentation über Joseph Beuys' spektakulären Auftritt im Stadtmuseum Simeonstift im April 1969.

Besonders wertvoll sind die vier Filme, die Trier in der Zeit vor dem Ersten Weltkrieg zeigen – ein Bestand, den keine andere Stadt vergleichbarer Größe aufweisen kann. Die international viel beachtete Sammlung geht auf den Trierer Kinobetreiber und Filmemacher Peter Marzen (1883–1936) zurück, dessen grandiose Geschäftsidee darin bestand, vorwiegend große Menschenansammlungen aufzunehmen und die so zu »Filmstars« avancierten Leute dann in sein Kino einzuladen. Solche Ereignisse waren etwa das Ende des Hochamts am Ostersonntag (1909), der Internationale Marianische Kongress (1912) oder ein Blumenkorso (1914). Zu den spektakulärsten Marzen-Filmen gehört eine Autofahrt durch Trier (1902), bei der die Betrachter erst am Schluss darüber aufgeklärt werden, auf welchem Vehikel die für damalige Zeit rasend schnelle Kamera montiert war. Auch Peter Marzen selbst ist immer wieder in seinen Filmen zu sehen, wie er Leute ins Bild dirigiert oder einfach fröhlich in die Kamera winkt.

In das Alltagsgeschehen in Trier um 1900 versetzen auch die umfangreichen und äußerst raren Bildfolgen des Fotografen Lambert Hoevel, die wiederum sowohl in der chronologischen Abfolge der stadtgeschichtlichen Ausstellung als auch im »Trier-Kino« betrachtet werden können.

Das Stadtmuseum Simeonstift zeigt ferner eine Dia-Show mit einer Auswahl verschiedener Trier-Motive vom späten 19. bis zum Ende des 20. Jahrhunderts aus der »Ansichtspostkarten-Sammlung August Hertmanni« in der Stadtbibliothek Trier. Der langjährige Leiter der Trierer Arbeiterwohlfahrt und Trierer Stadtrat hat eine Sammlung von rund 30.000 historischen und modernen Postkarten zusammengetragen und der Stadt Trier vermacht. Die Sammlung dokumentiert somit nicht nur heute verschwundene Bauten, sondern auch den Blick der jeweiligen Zeit auf das, was man für fotografierenswert hielt und wovon man sich Absatz erwartete. Dabei stellten die ersten belgischen Kriegsgefangenen 1914 für die Postkartenverlage ebenso ein Motiv dar wie die Unterführung am Porta-Nigra-Platz in den 1970er Jahren.

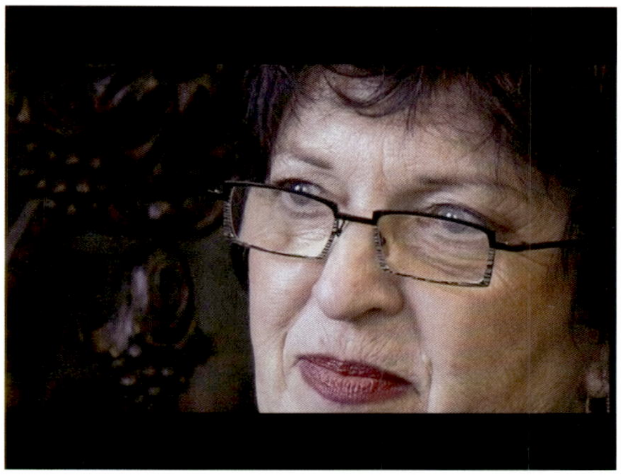

Monique Lévy-Ermann

Auf zwei PC-Arbeitsplätzen liegen 13 Zeitzeugenberichte von Verfolgten nationalsozialistischer Gewaltherrschaft zur Auswahl durch den Museumsbesucher bereit. Zwei dieser Interviewpartner sind auf der unmittelbar angrenzenden »Opfergedenkwand« deutlich hervorgehoben; ihre »Kennkarten«, die sie seit der Ausweispflicht ab 1939 bei sich tragen mussten, wurden mit ihrem Einverständnis nicht anonymisiert. Es stellt einen großen Ausnahmefall dar, dass sich die Karten erhalten haben und im Stadtarchiv Trier aufbewahrt werden. Aus den über 52.000 archivierten Video-Interviews der »Survivors of the Shoah Visual History Foundation« des bekannten Regisseurs Steven Spielberg wurden elf mit Trier-Bezug herausgesucht, d.h. Gespräche mit Personen, die in Trier oder der Region geboren wurden, hier aufgewachsen sind und die Verfolgung durch das Hitler-Regime überlebt haben – die einen auf der Flucht, andere im Konzentrationslager. Diese Augenzeugenberichte schildern nicht nur die schweren Schicksale von elf Menschen und ihrer Familien aus Trier, sie geben auch einen einzigartigen Einblick in das städtische Leben der ersten Hälfte des 20. Jahrhunderts. Das gilt gleichermaßen für zwei weitere Interviews, die im Auftrag des Stadtmuseums Simeonstift Trier mit Holocaust-Opfern aufgenommen wurden, die heute in Frankreich und Deutschland ansässig sind. Alle Interviews können in der Originalsprache und in Originallänge eingesehen werden. Zusätzlich wird jeweils eine Kurzversion jedes Interviews von etwa 10 Minuten Dauer mit deutschen Untertiteln angeboten.

Die Station »Trier unter dem Hakenkreuz« hält weitere Medien bereit, so die Botschaft des Trierer Oberarztes Dr. Max Schnitzler, die dieser 1944 in Form eines »Sprechenden Feldpostbriefes des Deutschen Roten Kreuzes« an seine Familie in Trier schickte. Eine Klang-Collage des Künstlers Thomas Scheider mit dem Titel »Der Wahnsinn ist im Tal« basiert auf Fragmenten aus Jean-Paul Sartres »Matthieus Tagebuch«, worin dieser seine Kriegsgefangenenzeit im Lager STALAG XII D auf dem Trierer Petrisberg verarbeitete. Der Kölner Bildhauer Gunter Demnig, der gemäß seinem Leitsatz »Den Opfern ihre Namen wiedergeben« in mittlerweile über 100 Städten, darunter auch Trier, Stolpersteine für die ermordeten Juden verlegt hat, wird bei seinen Aktionen gezeigt.

Im Auftrag des Museums entstand eine Reihe von Bildfolgen zu verschiedenen Themen der Trierer Stadtgeschichte. So lädt ein Film zu einer Zeitreise durch 2000 Jahre Stadtentwicklung ein und illustriert, wie die von den Römern geschaffenen Grundlagen im Laufe der Jahrhunderte transformiert, überformt und auch weitergenutzt wurden. Weitere Themen sind etwa »Die Stadt der Bischöfe und Bürger«, »Das Ende des Traums von der Reichstadt«, »Trier unter dem Hakenkreuz«, die »Heilig-Rock-Wallfahrten 1933, 1959 und 1996« oder »Klöster und Stifte«. Eigens für die neue stadtgeschichtliche Ausstellung erarbeitet wurden auch Dia-Shows zur Mobilität, zur Migration oder zum Sport. Breiten Raum nehmen darüber hinaus Nachkriegszeit und Gegenwart ein. Großprojektionen zeigen »Alltagsszenen« der letzten 50 Jahre und behandeln schwerpunktmäßig Themen wie »Die politische Entwicklung nach 1945«, »Architektur seit den 1950er Jahren«, »Feste, Feiern, Großereignisse« und »Städtepartnerschaften« und »Stadtentwicklung1945 bis heute«. Auch »Die wichtigsten Ausstellungen im Stadtmuseum Simeonstift und in der Europäischen Akademie für bildende Kunst« und »Die alte und die neue Universität« werden in attraktiven Bildfolgen vorgestellt. Schließlich rollt die Dia-Show zur gerade für Trier so wichtigen »Konversion« die unerwartet umfangreiche Bandbreite der betroffenen Liegenschaften, Gebäudekomplexe und Nutzungsweisen auf.

In einem Prachtrahmen im zentralen Treppenhaus des Stadtmuseums Simeonstift sind nicht nur, wie man es traditionell erwartet, Porträtgemälde per Projektion zu sehen, sondern auch Stiche, Fotos, Zeichnungen, apokryphe Abbildungen und Schallplattencovers. Sie zeigen Trierer Bürger und Bürgerinnen, die ihre Spuren in der Stadt und außerhalb hinterlassen haben. Dass die Frauen dabei unterrepräsentiert sind, erklärt sich aus der historischen Dominanz der Männer.

In bunter Folge werden Erzbischöfe und Oberbürgermeister, Heilige und NS-Verbrecher, Maler und Schriftsteller, Revolutionäre und Unternehmer, Wissenschaftler und Sportler, Legenden und »Trierer Originale« gezeigt.

Für viele andere ist bedauerlicherweise kein Porträt überliefert, weshalb auf sie verzichtet werden musste. Aber das Museum zeigt nicht nur rund 100 verstorbene Trierer und Triererinnen, sondern kommt auch in seinen virtuellen Stationen stets in der Gegenwart an:

So hat etwa der Trierer Filmemacher Uwe Thein im Auftrag des Museums 22 Trierer und Triererinnen zu Ihrer Stadt befragt. Männer und Frauen, Alt und Jung, »waschechte Trierer« und »Zugereiste« erzählen, was Ihnen in Trier gefällt und was sie an der Stadt stört. Außerdem berichten sie von ihren Lieblingsplätzen, davon, wie sie in Trier leben und arbeiten, und was für sie den »typischen Trierer« ausmacht.

Zu sehen sind eine Busfahrerin, ein Chorleiter, eine Gastwirtin, ein Skater, eine Weinkönigin, ein Mönch, ein Ingenieur, eine Handballerin, ein Sportmanager, eine Stadträtin, ein Schauspieler, ein Einzelhändler, ein Musiker, ein Maler, ein Psychologe, eine Studentin, ein Pendler, ein Militär, eine Tanzlehrerin, ein Schüler, ein Stadtplaner und eine Sexualtherapeutin.

Inhalt

Impressum

AUSSTELLUNG

Konzeption der Ausstellung:
Dr. Elisabeth Dühr, Prof. Dr. Frank G. Hirschmann, Christl Lehnert-Leven

Ausstellungsgestaltung:
Gerhards und Glücker, Architekten BDA Museumsgestalter, Berlin

Ausstellungsbau:
Artex Art Services, Wien

Ausstellungsgrafik:
Gerhards und Glücker, Architekten BDA Museumsgestalter, Berlin
Dorothée Frank, Dipl.-Designerin graphilo GbR, Trier

Ausstellungsinstallationen:
Jörg Oetken, Berlin

Grafik der virtuellen Stationen:
visual concepts, Trier

Audioguide:
soundgarden Audioguidance, Unterföhring

Restauratoren:
Dimitri Bartashevich, Dipl.-Restaurator, Trier
Bungert & Wirtz Steinmetzwerkstatt GmbH, Trier
Thomas Hardy, Gemälderestaurator, Koblenz
Wolfgang Kaiser, Dipl.-Restaurator, Burgbrohl
Christoph Kronewirth, Steinmetzmeister, Berlin und Trier
Tina Philips, Trier
Ralf Schmitt, Dipl.-Designer, Trier
Gwendolyn Schwarz, Trier
Eva Sinkiewicz, Dipl.-Restauratorin, Trier
Henning Wirtz, Steinmetzmeister, Trier

Interviews mit Holocaust-Überlebenden:
Survivors of the Shoah Visual History Foundation
schnitt:stelle, Trier

2000 Jahre Stadtentwicklung:
Dr.-Ing. Karl-August Heise, Trier

22 x Trier:
theinmedia, Pellingen

Unser herzlicher Dank gilt:

Stadtbibliothek und Stadtarchiv Trier, insbesondere Herrn Dipl.-Bibliothekar Bernhard Simon
Rheinisches Landesmuseum Trier, insbesondere Frau Dr. Karin Goethert, Herrn Dr. Peter Seewaldt, Herrn Dr. Joachim Hupe, Frau Dr. Angelika Paul und Frau Dr. Sabine Faust
Friedrich-Ebert-Stiftung, insbesondere Frau Prof. Dr. Beatrix Bouvier
Evangelische Kirchengemeinde Trier, insbesondere Herrn Pfarrer Guido Hepke
Jüdische Kultusgemeinde Trier, insbesondere Herrn Benz Botmann und Frau Rachel Kyll
Muslimischer Kulturverein Trier e.V., insbesondere Herrn Dr. Bernhard Herzhoff
Kampfmittelräumdienst Rheinland-Pfalz, insbesondere Herrn Horst Lenz
Archiv des SWR Mainz, insbesondere Herrn Archivleiter Gerhard Becker
Bistum Trier, insbesondere Herrn Dr. Stefan Kronenburg
Bistumsarchiv Trier, insbesondere Herrn Dr. Martin Persch
Universität Trier, insbesondere Frau Heidi Neyses, Leiterin der Pressestelle
Straßenbahnerverein der Stadt Trier 1924 e.V., insbesondere Herrn Alfred Klasner
Amt für kirchliche Denkmalpflege Trier, insbesondere Frau Rita Heyen
Trierer Basketball GmbH
Amt für Gebäudewirtschaft der Stadt Trier
Nationalarchiv Washington
Europäische Akademie für Bildende Kunst e.V. Trier

ATARI Deutschland GmbH
Frau Dr. Brigitte Braun, Universität Trier
Herrn Dipl.-Ing. Burkhard Breves, Trier
Herrn Ubri Calchera, Trier
Frau Elisabeth Comez, Köln
Herrn Lambert Dahm, Trier
Frau Eva Dohle, Hamburg
Herrn Gerd Martin Forneck, Numismatik, Höhr-Grenzhausen
Herrn Wolfgang Henning, Trier
Japan Tobacco International GmbH
Herrn Dr. Heinz Kahn, Polch
konplott, Wasserbillig
Herrn Werner Lamberty, microsound Tonstudio, Trier
Madame Monique Lévy-Ermann, Saint-Avold
Frau Elisabeth Levin, Trier
Nintendo of Europe GmbH
Mr. Walter Reed, New Trier
Herrn Thomas Reverchon, München
Herrn Thomas Scheider M.A., Weimar
Herrn Gerhard Steinle, Trier
Frau Barbara Weiter-Matysiak, Trier
Herrn Manfred Wilhelmi, Trier
Herrn Wolfgang Ziewers, Trier

Ganz besonders danken wir den Mitarbeitern und Mitarbeiterinnen des Stadtmuseums Simeonstift Trier, die durch ihren unermüdlichen Einsatz die neue stadtgeschichtliche Ausstellung ermöglicht haben:

Yvonne Angelini	Vera Schernus M.A.
Maria Backendorf	Peter Schiller
Josef Castello	Dr. Bärbel Schulte
Gudrun Götzen	Egon Streit
Dieter Hallebach	Monika Thelen
Werner Molitor	Dorothée Weber M.A.
Dr. Gregor Scherf	Ann-Sophie Zahler

Katalog

Texte und Bildauswahl:

Elisabeth Dühr, Frank G. Hirschmann, Christl Lehnert-Leven

mit weiteren Beiträgen von:
Joachim Hupe: *Die historische Stadtmauer*
Ulrich Kaurisch: *Die Trierer »Miezen« – samtweich oder scharfe Krallen*
Wolfgang Knapp: *Miniaturmöbel – im Spannungsfeld zwischen Kunst und Spielerei // Ein Kurfürstenstuhl aus der berühmten Roentgen-Werkstatt in Neuwied*
Klaus Petry: *Münzen von der Antike bis heute*
Thomas Schnitzler: *Trier unter dem Hakenkreuz // Der »Führerstaat« // Die Volksgemeinschaft // Organisierter Terror, Verfolgung und Vernichtung // Zerstörungen // Der Umgang mit der historischen »Erblast« // Sport in Trier // Die Erfassung der jüdischen Bevölkerung*
Ralf Schmitt: *Tracht / Regionale Kleidung // Städtische Mode / Kleidung der Kurfürstenzeit bis heute // Dreiteiliger Anzug des Trierer Bürgermeisters Gottbill // Blaues Gesellschaftskleid, um 1825 // Kinderkleid, um 1845 // Rosa Perlenkleid, um 1924/25 // Koptische Textilien // Mumienporträts und Mumienmasken*
Bärbel Schulte: *Ein gemalter Revolutionskommentar: Die »Gefängnisszene 1848« von Johann Velten // »Stadt-Idyllen für die gute Stube« – Eine Gemäldefolge zum »schönen alten Trier« // »Gold für Eisen« – Die Notzeit des Ersten Weltkriegs // Inflation // Stadttrierische Maße und Gewichte // Trierer Porzellan // Stifter im Stift*

Gestaltung:

Dorothée Frank, Dipl.-Designerin, graphilo GbR, Trier

Fotos:

Bernhard Matthias Lutz, Konz

außer:
Stadtmuseum Simeonstift Trier: S. 12, 27, 30, 31, 39 unten, 43, 60, 67, 76 oben rechts, 79, 80, 84, 85 unten, 86, 87 links, 89, 96 unten rechts, 102, 103, 113, 115 oben, 116, 117 unten, 122, 123, 124 oben, 132 Mitte und unten, 136 unten, 143, 147 oben, 171, 172, 173, 175 oben links, 175 unten Mitte, 176 oben rechts, 176 Mitte, 176 Mitte rechts, 176 unten links
Stadtbibliothek und Stadtarchiv Trier: S. 70, 71, 72, 76 oben, 77 oben, 78, 82, 90, 95 oben rechts und links, 125, 130 oben, 130 unten links,
137 oben rechts, 160, 161 unten, 162, 163, 178
Rheinisches Landesmuseum Trier: S. 26 unten, 29, 76 oben links
Gerhard Steinle: S. 25, 26 oben, 86, 95 unten links, 96 oben rechts

Rita Heyen, Amt für kirchliche Denkmalpflege des Bistums Trier: S. 15, 152, 153
Wolfgang Knapp, KulturGut, Mannheim: S. 56, 108, 109
Ralf Schmitt: S. 165, 166, 167, 168, 169, 170
Entwicklungsgesellschaft Petrisberg: S. 77 unten rechts, 96 2. Reihe links
Presseamt der Stadt Trier: S. 96 3. Reihe links
Trierer Basketball GmbH: S. 140
Förderverein Dokumentations- und Begegnungsstätte ehemaliges KZ Hinzert e.V.: S. 92
Bezirksregierungs Unterfranken: S. 136
Friedrich-Ebert-Stiftung: S. 69
konplott: S. 137 unten
Konstantin-Ausstellungsgesellschaft mbH: S. 133 oben
Bettina Leuchtenberg, schnitt:stelle: S. 179
Mr. Walter Reed, New Trier: S. 133 unten
Sektkellerei Herres: S. 115 unten
Uwe Thein, theinmedia: S. 181
Helmut Thewalt: S. 98 oben
Harald Tittel: S. 96 unten links, 141
Luftbildarchiv Ingenieurbüro Dr. Carls, Würzburg: S. 77 Mitte links
Marian Stefanowski, Berlin: S. 177
Verteidigungsbezirkskommando 42: S. 77 unten links
privat: S. 77 Mitte rechts, 81 oben rechts, 114, 129 unten, 132 oben, 176 oben links, 176 unten rechts

Herstellung
Bastian Druck GmbH, Föhren
Buchbinderei Schwind, Trier

ISBN 3-930866-24-2